Alimento De Fe

Devocionales Diarios para Invierno

Kenneth E. Hagin

FAITH LIBRARY PUBLICATIONS ®

Todas las escrituras citadas en este libro a no ser que sea de otra manera indicado son de la Biblia de Casiodoro de Reina—Revisión de 1960.

17 16 15 14 13 12 09 08 07 06 05 04

Alimento De Fe: Devocionales Diarios para Invierno
ISBN-13: 978-0-89276-141-8
ISBN-10: 0-89276-141-5

Impreso en los Estados Unidos

English Title: *Faith Food: Daily Devotions for Winter*

En los Estados Unidos escriba a:
Kenneth Hagin Ministries
P.O. Box 50126
Tulsa, OK 74150-0126
1-888-28-FAITH
www.rhema.org

En el Canadá escriba a:
Kenneth Hagin Ministries of Canada
P.O. Box 335, Station D
Etobicoke (Toronto), Ontario
Canada M9A 4X3
1-866-70-RHEMA
www.rhemacanada.org

LIBROS EN ESPAÑOL POR KENNETH E. HAGIN

Redimido De La Pobreza, La Enfermedad, y La Muerte
(ENGLISH TITLE: Redeemed From Poverty, Sickness, and Spiritual Death)

La Fe, Lo Que Es
(ENGLISH TITLE: What Faith Is)

Siete Pasos Para Recibir El Espíritu Santo
(ENGLISH TITLE: Seven Vital Steps To Receiving the Holy Spirit)

El Pensar Bien y Mal
(ENGLISH TITLE: Right and Wrong Thinking)

La Autoridad Del Creyente
(ENGLISH TITLE: Authority of the Believer)

Como Desatar Su Fe
(ENGLISH TITLE: How To Turn Your Faith Loose)

El Cristiano Intercesor
(ENGLISH TITLE: The Interceding Christian)

El Nuevo Nacimiento
(ENGLISH TITLE: The New Birth)

El Porqué De Las Lenguas
(ENGLISH TITLE: Why Tongues?)

En El
(ENGLISH TITLE: In Him)

La Medicina De Dios
(ENGLISH TITLE: God's Medicine)

Usted Puede Tener Lo Que Diga
(ENGLISH TITLE: You Can Have What You Say)

¡No Culpe A Dios!
(ENGLISH TITLE: Don't Blame God)

Palabras
(ENGLISH TITLE: Words)

Como Retener Su Sanidad
(ENGLISH TITLE: How To Keep Your Healing)

Los Dones Del Ministerio
(ENGLISH TITLE: The Ministry Gifts)

LIBROS EN ESPAÑOL POR KENNETH HAGIN JR.

Las Imposibilidades Del Hombre — Posibilidades Para Dios
(ENGLISH TITLE: Man's Impossibility — God's Possibility)

La Fe Obra Por El Amor
(ENGLISH TITLE: Faith Worketh by Love)

Siete Impedimentos Para Recibir Sanidad
(ENGLISH TITLE: Seven Hindrances to Healing)

El Tiempo Pasada De La Palabra De Dios
(ENGLISH TITLE: The Past Tense of God's Word)

Prologo

¡Alimenta tu fe diariamente! Es de extremada importancia para tu camino con el Señor. He escrito estos bocados de "alimento de fe" como una ayuda para asegurarte que tu fe sea alimentada diariamente.

F. F. Bosworth dijo, "La mayoria de los cristianos le dan de comer a sus cuerpos tres comidas calientes al dia, a sus espiritus una merienda fria a la semana, y luego se extrañan de ser tan débiles en su fe."

Da las confesiones encontradas al final de cada pagina, en voz alta. Cierra los ojos y repitelas. Se basan en la Palabra de Dios. Cuando te oigas a ti mismo decir estas confesiones, se registraran en tu espiritu. ¡Y cuando la Palabra de Dios baje dentro de tu espiritu, controlara tu vida!

Kenneth E. Hagin

El Shaddai

Era Abram de edad de noventa y nueve años, cuando le apareció Jehová y le dijo: YO SOY EL DIOS TODOPODEROSO; anda delante de mí y sé perfecto.

— GENESIS 17:1

El hebreo original de este versículo del Antiguo Testamento dice que Dios dijo, "Yo soy El Shaddai."

Dios fué revelado a Israel a través de siete nombres del pacto, uno de los cuáles era El Shaddai — que quiere decir literalmente — "el Dios que es más que suficiente", o "el Todo Suficiente".

Le ayudará a tu fe el pensar en Dios como "El que es más que suficiente".

A través del Antiguo Testamento, Dios se reveló a Sí Mismo como el Shaddai — el Dios que es más que suficiente. Por ejemplo, cuando Dios estaba liberando al pueblo de Israel de la esclavitud de los egipcios, los soldados del Faraón los siguieron para recapturarlos y volver a esclavizarlos. Por un lado del pueblo de Israel estaba el desierto; por el otro las montañas. El mar Rojo estaba enfrente de ellos. Parecían estar atrapados, pero miraron a Dios — el Dios que es más que suficiente — ¡y El dividió la mar! El cuajó las profundidades de la mar (Ex. 15:8). ¡El cuajó las aguas! ¡Las aguas se levantaron a cada lado como murallas, e Israel anduvo sobre tierra seca hacia el otro lado! ¡Nuestro Dios es más que suficiente!

Confesión: Mi Padre es El Shaddai, el Dios que es más que suficiente. El es más que cualquier montaña a mi derecha. El es más que cualquier obstáculo delante de mí. El es más que cualquier enemigo detrás de mí. El es mi propio Padre y El es El Shaddai — el Dios que es más que suficiente.

Más que Suficiente

Y el sol se detuvo y la luna se paró, hasta que la gente se hubo vengado de sus enemigos.

—JOSUE 10:13

A través de todo el Antiguo Testamento, vemos a El Sbaddai manifestándose en las vidas de hombres y mujeres, profetas, sacerdotes y reyes. Pero El no es solamente el Dios de *ayer* , ¡El es el Dios de *hoy* !El no se reveló como "El Dios que *era* más que suficiente" o "El Dios que *será* más que suficiente. . . ." A menudo lo atrivuimos todo al *pasado* diciendo, "Qué maravilloso era en aquel entonces cuando Dios hizo tales cosas", o al *futuro*, diciendo, "cuando lleguemos al cielo, todo será maravilloso." No, las cosas serán diferentes *aquí* y *ahora* mismo, si confías en este Dios Quien es más que suficiente.

Confesión:* *Yo creo a Dios. Confío en Dios ahora. ¡El es más que suficiente hoy! El es más que suficiente para vencer cualquier situación que yo pueda enfrentar. El es MAS QUE SUFICIENTE para mí.

El Libera

Por cuanto en mí ha puesto su amor, yo también le libraré.

— SALMO 91:14

Con el tiempo futuro se hacen las más fuertes aserciones posibles del lenguaje español. En la última parte del Salmo 91 encontramos siete cosas, que este Dios que es más que suficiente dice que hará por la persona que ha puesto su amor en El. (Gracias a Dios, yo he puesto mi amor en El — ¿y tú?) Fíjate que Dios no dijo, "puede que lo haga," o, "si no se me acaba la energía, lo haré; si mi poder no se desvanece, lo haré." ¡No!¡ El es el Todo—Suficiente, y dijo "¡Yo lo *haré!*"

Primero, Dios dijo "Yo les libraré. . . ." Este Dios que es más que suficiente, es un Dios que libera. El cumplió Su Palabra con Abraham, y libró a Israél — y todavía hoy es El Liberador.

Nuestro Dios no es el opresor. ¡El es el Liberador! Hechos 10:38 lo declara. Satanás es el opresor de la humanidad — ¡pero Jesús es nuestro Liberador!

Confesión:** **He puesto mi amor en Dios; por eso, El me libera. El es un Dios liberador. Y Dios es más que suficiente. A El nunca le faltará energía. El nunca perderá Su poder. Dios hará todo lo que ha dicho que haría. ¡El es el Todo— Suficiente, ¡y el lo HARA!

El Responde

Por cuanto en mí ha puesto su amor, por eso . . . me invocará y yo le responderé. . . .

— SALMO 91:14, 15

Clama a mí, y yo te responderé, y te enseñaré cosas grandes y ocultas que tú no conoces.

– JEREMIAS 33:3

Y todo lo que pidiereis en oración, creyendo. Lso recibiréis.

– MATEO 21:22

Por tanto, os digo que todo lo que pidiereis orando, creed que lo recibiréis, y os vendrá.

– MARCOS 11:24

En aquel día no me preguntaréis nada. De cierto, de cierto os digo, que todo cuanto pidiereis al Padre en mi nombre, os lo dará . . . Pedid, y recibireis, para que vuestro gozo sea cumplido.

– JUAN 16:23,24

De ningún modo son estas todas las Escrituras acerca del tema de la oración. Pero estas Escrituras por sí mismas son suficientes para avivarnos. Son suficientes para motivarnos a orar. ¿Por qué? Porque El Shaddai nos dijo,

"Yo te responderé." El Dios Altísimo — el Dios que es más que suficiente — ha prometido responder a aquellos que han puesto su amor en El.

Confesión: He puesto mi amor en el Dios Altísimo; Por lo tanto, El me responde. Yo lo clamo y El me responde. Pido, y El me da. Busco, y El me ayuda a encontrar. Llamo y El me lo abre. Las cosas que deseo, cuando oro, creo que las recibo, y Dios hace que las tenga. Cualquier cosa que pida en el Nombre de Jesús, el Dios Altísimo me las da. ¡Mi gozo es cumplido!

El es la Salida

Por cuanto en mí ha puesto su amor, por eso con él estaré en la angustia; lo libraré . . .

— SALMO 91:14,15

Dios no dijo que no fueras a tener problemas. ¡De hecho, El más bien implica que *tendrás* problemas porque eres un cristiano! El mundo te perseguirá. te calumniará, te maldecirá. Un enemigo se enfrenta en contra tuya. El dios de este mundo (2 Cor. 4:4), te pone bajo tensión a todo momento.

Algunos piensan que es el Señor quien les está trayendo tal presión, pero no es así. Jesús comparó Sus obras con las obras del diablo de esta manera, "El ladrón no viene sino para robar, matar y destruir. Yo he venido para que tengan vida y para que la tengan en abundancia." (Juan 10:10). Dios no es un ladrón. Aquel que roba, mata y destruye es el diablo — no el Señor.

Dios dice en Su Palabra, "Muchas son las aflicciones del justo, pero de todas ellas le librará Jehová." (Salmo 34:19). La palabra "aflicciones" aquí quiere decir pruebas y tentaciones. Y esto es lo que son tus problemas. ¿Pero el Señor ha prometido librarte de cuántas de ellas? ¿de la mitad? ¡No! ¡Sino de *todas* ellas!

El Señor no ba prometido solamente estar contigo cuando tengas problemas y luego no hacer nada más. El está contigo para sacarte de todos tus problemas. ¡Y El es más que suficiente!

Confesión: He puesto mi amor en Dios; por tanto, no importa la prueba o el problema, yo sé que el Shaddai está conmigo para librarme. Y El es más que suficiente.

El Honra

Por cuanto en mí ha puesto su amor, por lo tanto, le pondré en alto, le glorificaré.

— SALMO 91:14,15

Yo prefiero que sea Dios el que me honre, a tener toda la fama de este mundo.

Se cuenta una historia de Napoleón, quien un día estaba inspeccionando sus tropas, cuando su caballo comenzó a agitarse. Un joven soldado raso se le acercó, y agarró el freno del caballo, y lo calmó. Napoleón le dijo, "Gracias, Capitán." Y así el soldado raso llegó a ser capitán. Pero los otros oficiales le rechazaron. Ellos habían obtenido los rangos, pero a este joven se le habían otorgado. Napoleón se dio cuenta de esto, e hizo una inspección de su ejército. El puso a este joven en un caballo a su lado y cabalgaron juntos hacia la plaza de armas. Los otros oficiales comenzaron a decir, "este joven es uno de los favoritos de Napoleón." Y así empezaron a buscar su amistad.

El mundo no lo sabe, pero se acerca la hora en que ellos van a descubrir que nosotros somos los favoritos del Rey de reyes y Señor de señores. Y ellos desearán haber obtenido nuestra amistad. Jesús mismo dijo, "al que venciere, le daré que se siente conmigo en mi trono, así como yo he vencido y me he sentado con mi Padre en su trono." (Apocalipsis 3:21). La gracia de Jesús resplandece mucho más allá que cualquier otra que este mundo pueda ofrecer.

Confesión: Porque he puesto mi amor en Dios, El me pondrá en alto. Me honrará. Soy un favorito del Rey de reyes y Señor de señores. Soy un favorito del Dios que es más que suficiente.

Larga Vida

Por cuanto en mí ha puesto su amor, por eso . . . lo saciaré de larga vida . . .

— SALMO 91:14. 16

"Pero, Hermano Hagin," alguien dijo, "Yo conocí a un predicador que era un hombre de Dios maravilloso, y murió a la edad de 42 años."

Esto no quiere decir que yo tenga que morir joven. No sé lo que aquel ministro creía — pero sé lo que yo creo. Y sé que el Dios que es más que Suficiente dijo, "le saciaré de larga vida."

Quizás alguien más dirá, "Este versículo quiere decir que vamos a vivir para siempre en el cielo." No, hasta los pecadores van a vivir para siempre. Ellos van a vivir en un lugar, y nosotros viviremos en otro. Esta Escritura se refiere al disfrutar de larga vida aquí en la tierra.

Una lectura de Proverbios revela que la Palabra de Dios dice que el hacer ciertas cosas te alargarán la vida, y el hacer otras ciertas cosas te la acortará. Efesios 6:1—3 enseña a los hijos a honrar a sus padres "para que te vaya bien y seas de larga vida sobre la tierra." Pedro citó los salmos, asegurándonos que esas promesas nos pertenecen. (1 Pedro 3:10; Salmo 34:12).

Y nuestra edad prometida es de 70 u 80 años (Salmo 90:10). Pero no te conformes con nada menos. ¡Y cree en Dios para todo lo que puedas!

Confesión: Por cuanto he puesto mi amor en Dios, El Shaddai me saciará de larga vida. A no ser que el Señor Jesucristo regrese antes que yo muera, yo viviré el resto de mis días al servicio de Dios. Y viviré y trabajaré con Dios para cumplir Su voluntad en la tierra.

Salvación

Por cuanto en mí ha puesto su amor, por eso . . . le mostraré mi salvación.

— SALMO 91:14, 16

Aunque yo no esté de acuerdo con todas las notas del Dr. Scofield, en su Biblia de referencia, su nota sobre Romanos 1:16, refiriéndose a la palabra "salvación", es excelente. El Dr. Scofield, versado en el griego y el hebreo, escribió:

> Las palabras originales, griega y hebrea traducidas salvación, implican las ideas de *liberación*, *seguridad*, *preservación*, *curación, salud.*

El Shaddai ha prometido mostrarnos liberación, seguridad, preservación, curación y salud divina. ¡El ha prometido mostrarnos Su salvación!

Confesión: Porque yo he puesto mi amor en Dios, el Dios que es más que suficiente me ha mostrado Su salvación. El me ha revelado el Evangelio de Jesucristo, que es el poder de Dios para la salvación (Romanos 1:16). Este Evangelio es el poder de Dios para mi liberación. Es el poder de Dios para mi seguridad. Es el poder de Dios para mi preservación. Es el poder de Dios para mi curación. Es el poder de Dios para mi salud. ¡Y es más que suficiente!

Coronado con Gloria

Cuando veo y considero tus cielos, la obra de tus dedos, la luna y las estrellas, las cuáles has ordenado y establecido; ¿Qué es el hombre, para que tengas memoria de él, y el hijo del hombre (nacido en la tierra), para que tengas cuidado de él? No obstante, lo has hecho poco menos que Dios (o seres celestiales), y lo coronaste de gloria y honra. Y le hiciste señorear sobre las obras de tus manos. . . .

— SALMO 8:3—6
TRADUCIDO DE LA
BIBLIA AMPLIFICADA

Dios no creó al bombre para la muerte. La muerte, pecado, enfermedad, odio, venganza, y tales tragedias reflejan las condiciones de la tierra que no tenían un lugar en el plan original del Creador. ¡El hombre fue creado para tener gozo, alegría y paz!

El hombre fue diseñado para tener comunión eterna con Dios. Dios lo creó a Su propia imagen y semejanza. (Génesis 1:26, 27). El hombre fue creado para gozo, alegría y paz. Y él fue creado para agradar al Señor. (Apocalipsis 4:11).

Dios le dio al hombre un puesto en Su creación por debajo únicamente de Sí Mismo, con dominio hasta el fin del universo mismo. (Salmo 8:3—6; Génesis 1:26—28). Adán era el maestro de sí mismo, de la creación y de Satanás. Adán no tenía que rendirse al pecado — él tuvo una alternativa.

Confesión: Yo haré aquello para lo cual fuí creado: tendré comunión con Dios. Y le agradaré. La Biblia dice que sin fe es imposible agradar a Dios (Heb. 11:6). Así que, caminaré en fe. No seré dominado por el pecado, enfermedad, temor, duda, o cualquier otra cosa que sea del diablo. Yo escojo andar con Dios.

Destituido de la Gloria

Por cuanto todos pecaron, y están destituidos de la gloria de Dios.

— ROMANOS 3:23

¡El hombre hizo lo *inconcebible*! Originalmente Adán era el dios de este mundo, cou dominio sobre todas las obras de las manos de Dios. Pero Adán *sabiéndolo*, cometió alta traición en coutra del Señor, y le eutregó a Satanás todo el dominio que Dios originalmente le había dado. La traición de Adán ocurrió sobre una base tan legal que Dios no podía anular el contrato que había hecho con Adán, y que Adán había pasado a Satanás. Por eso, Satanás, no Adán, se convirtió en el dios de este mundo (2 Cor. 4:4). Y así comenzó el reino destructivo de Satanás.

De esa forma, la muerte espiritual — la cual es la *separación de Dios*, llegó al hombre. Cuando Dios bajó al aire del día para caminar y hablar con Adán, Dios le llamó," ¿Adán, donde estás?" Y Adán le respondió, "yo me escondí." Estaba separado de Dios.

Otro aspecto de la muerte espiritual — *el tener la naturaleza de Satanás* — también vino al hombre. El diablo llegó a ser el padre espiritual del hombre. Nota que Jesús les dijo a los fariseos, "vosotros sois de vuestro padre el diablo" (Juan 8:44). El hombre es un hijo espiritual del diablo. El participa de la naturaleza de su padre. Esto explica porque el hombre no puede ser salvo por su propia conducta. El hombre no puede estar en la presencia de Dios tal y como es, teniendo la naturaleza de su padre, el diablo en él. Para que el hombre sea salvo, debe ser salvo por alguien que pague la pena de sus pecados, y alguien que le dé una nueva naturaleza.

Confesión: Gracias Padre, por mi nueva naturaleza. Gracias Padre, porque has hecho provisión para que yo sea "partícipe de la naturaleza divina". (2 Pedro 1:4).

Un Gran Plan

Y pondré enemistad entre ti y la mujer, y entre tu simiente y la simiente suya; ésta te herirá en la cabeza, y tú le herirás en el calcañar.

— GENESIS 3:15

El bombre cayó.

¡Pero Dios tenía un plan — un gran plan — *la redención!* Dios asumió las obligaciones de las transgresiones del hombre y lo redimió del dominio de Satanás. Dios tenía un plan para *devolverle* la vida al hombre. El plan de Dios permitió que la naturaleza del hombre volviese a estar en armonía con la naturaleza de Dios.

Dios no puede ignorar las transgresiones del hombre. La justicia exigía que la pena por el crimen del hombre fuera pagada — pero el propio hombre era incapaz de hacerlo. Por tanto, ya que el hombre no podía salvarse a sí mismo, Dios tuvo que proveer un Redentor.

Inmediatamente después de que el bombre cayera bajo el dominio de su enemigo, Satanás, Dios empezó a revelar Su plan acerca de un Mesías Venidero. Este Mesías, la simiente de la mujer, rompería el dominio que Satanás tenía sobre el bombre (porque fue profetizado que una mujer daría a luz a un hijo independientemente de una generación natural). ¡Este Mesías, heriría la cabeza de la serpiente!

En los lenguajes orientales, "herir la cabeza" significa la destrucción del señorío de un gobernador. Cuando Dios dijo estas palabras a Satanás en Génesis 3:15, Satanás acababa de tomar posesión del dominio que había sido reservado para el hombre. Pero Dios reveló que esta Simiente Maravillosa de la mujer vendría para destruir el señorío de Satanás.

Confesión: Te doy gracias, Padre, por tu plan maravilloso de redención, el cuál planeaste, enviando al Señor Jesús para que lo consumara.

Emanuel

Dijo entonces Isaías: Oíd ahora, casa de David. ¿Os es poco el ser molestos a los hombres, sino que también lo seáis a mi Dios? Por tanto, el Señor mismo os dará señal: He aquí que la virgen concebirá, y dará a luz un hijo, y llamará su nombre Emanuel.

— ISAIAS 7:13,14

Dios empezó a hablar a través de Sus profetas, prometiendo que vendría un Redentor para destruir el dominio de Satanás y restaurar el dominio que el hombre había perdido.

El profeta Isaías, por ejemplo, miró a través del tiempo y señaló a una hija de David que daría a luz al prometido Redentor 750 años más tarde.

"El Señor mismo os dará una señal," profetizó Isaías. "El os mostrará un milagro, una maravilla, algo fuera de lo ordinario."

"¿Qué será?"

Una virgen concebirá y dará a luz un hijo. Una virgen dará a luz un hijo de una forma sobrenatural.

Su Nombre será llamado Emanuel — que quiere decir — "Dios con nosotros", o "Encarnación."Aquí, Dios sugiere la unión de la deidad y la humanidad.

Confesión: El Señor mismo dio una señal. Una maravilla. Una mujer concibió, y dio a luz a un Hijo. Su Nombre es Emanuel — Dios con nosotros. Gracias Padre por tu gran plan de redención, el cual planeaste y enviaste al Emanuel para consumarlo.

La Simiente

Porque Jehová creará una cosa nueva sobre la tierra:la mujer rodeará un varón.

— JEREMIAS 31:22

Adán fue *creado*. El resto de la raza humana se procreó por procesos naturales. Si Jesús hubiese nacido por el proceso natural, El habría sido un espíritu caído.

Pero Romanos 5:12 nos dice, "*Por tanto, como el pecado entró en el mundo por un hombre* (Adán), *y por el pecado la muerte, así la muerte pasó a todos los hombres, por cuanto todos pecaron.*"

El hombre está sujeto a la muerte; al diablo. Así pues, la simiente del hombre sólo podrá producir otro hombre caído.

Por lo tanto, el Redentor no podía estar sujeto a la muerte. La Simiente Prometida tenía que ser una, sobre la cual Satanás no tuviera derecho legal o autoridad. El tenía que ser dado a luz por una acción especial del poder divino.

Las palabras de Dios por medio del profeta Jeremías pueden ser traducidas como, "una mujer circundará a un hijo varón." La matriz de la virgen fue simplemente el receptáculo del Espíritu Santo hasta que El fuera dado a luz.

Confesión: Gracias, Padre, por tu gran plan de redención. Estoy tan agradecido de que crearas algo nuevo en el mundo. Estoy agradecido de que enviaras la Simiente Santa para redimirnos.

Desde la Eternidad

Pero tú, Belén Efrata, pequeña para estar entre las familias de Judá, de ti me saldrá el que será Señor en Israel; y sus salidas son desde el principio, desde los días de la eternidad.

— MIQUEAS 5:2

Esta profecía notable acerca de Uno que nacería de una familia de Judá, para ser Señor en Israel, dice que Sus salidas fueron desde el principio y desde los días de la eternidad. El ha viajado de un lado para otro, desde los días de la eternidad, y ha dejado Sus huellas por todos los siglos.

Con mucha frecuencia la gente sólo admira el lado físico del nacimiento de Jesús y habla acerca de su nacimiento como un pequeño bebé, cuando en realidad El ya existía con el Padre desde el principio del Universo. La persona que conocemos como Jesucristo, es una de las tres divinas personas de la Trinidad. Como Dios El no tuvo principio.

Confesión: Las salidas de Cristo mi Señor fueron desde el principio y hasta el fin de la eternidad. Como Dios, El no tuvo principio. Aún así El vino a este mundo para redimirme del dominio de Satanás. Puedo confiar mi vida al Eterno.

Para Meditación

Porque un niño nos es nacido, hijo nos es dado, y el principado sobre su hombro; y se llamará su nombre Admirable, Consejero, Dios fuerte, Padre Eterno, Príncipe de Paz.

— ISAIAS 9:6

Los nombres divinos y títulos otorgados a Jesús muestran que El es, por naturaleza divino, y miembro de la Deidad.

EMANUEL (Mateo 1:23) . . . DIOS (Juan 1:1) . . . SEÑOR (Lucas 19:34) . . . SEÑOR DE TODO (Hechos 10:36) . . . SEÑOR DE GLORIA (1 Cor. 2:8) . . . ADMIRABLE, CONSEJERO, DIOS FUERTE, PADRE ETERNO,PRINCIPE DE PAZ (Isaías 9:6) . . . EL UNGIDO DEL SEÑOR (Lucas 2:26) . . . HIJO DE DIOS (Rom.1:4) . . . EL UNIGENITO HIJO (Juan 1:18) . . . SU HIJO (Juan 3:16, 17) . . . MI HIJO (Mateo 3:17) . . . ALFA Y OMEGA, EL PRINCIPIO Y EL FIN, EL PRIMERO Y EL ULTIMO (Apocalipsis 22:13) . . . EL SEÑOR (Hechos 9:17) . . . HIJO DEL ALTISIMO (Lucas 1:32) . . . PAN DE DIOS (Juan 6:33) . . . EL SANTO DE DIOS (Marcos 1:24) . . . TU SANTO HIJO JESUS (Hechos 4:30) . . . REY DE REYES Y SEÑOR DE SEÑORES (Apocalipsis 19:16) . . . SEÑOR Y SALVADOR (2 Pedro 3:2) . . . VERBO DE DIOS (Apocalipsis 19:13).

Confesión: Jesús es mi Señor, mi Señor se llama Emanuel . . . Dios . . . Señor de todo . . . Señor de Gloria . . . Admirable . . . Consejero . . . Dios fuerte . . . Padre Eterno . . . Príncipe de Paz . . . El Ungido del Señor . . . Hijo de Dios . . . Su Hijo . . . El Unigénito Hijo . . . Alfa y Omega . . . Principio y El Fin . . . El Primero y El Ultimo . . . El Señor . . . Hijo del Altísimo . . . Pan de Dios . . . El Santo de Dios . . . Tu Santo Hijo Jesús . . . Rey de Reyes . . . Señor de Señores . . . Señor y Salvador . . . Verbo de Dios. ¡Este es mi Señor! Por éso Satanás no puede dominarme.

Para Más Meditación

Por cuanto agradó al Padre que en él habitase toda plenitud.

— COLOSENSES 1:19

La Palabra de Dios nos enseña claramente que nuestro Redentor es divino.

Estas funciones divinas le son atribuidas:
CREADOR (Col. 1:16) . . . MEDIADOR (1 Tim. 2:4,5) . . . LA CABEZA DE LA IGLESIA (Col. 1:16—24) . . . SALVADOR (2 Pedro3:2) . . . JUEZ (2 Tim. 4:1) . . . SUSTENTADOR (Heb.1:1—3) . . . DADOR DE VIDA (Juan 10:28) . . . SEÑOR Y CRISTO (Hechos2:36) . . . RESURRECCION Y VIDA (Juan 11:25).

A Cristo se le atribuye el carácter divino:Los hombres comunes son pecadores por naturaleza, pero Cristo Jesús no es un hombre común. El es:
SANTO DE NACIMIENTO (Lucas 1:35) . . . JUSTO (Isaías53:11) . . . FIEL (Isaías 11:5) . . . LA VERDAD (Juan14:6) . . . JUSTIFICADO (Juan 5:30) . . . SIN CULPA (1 Pedro2:22) . . . SIN PECADO (2 Cor. 5:21) . . . SIN MANCHA (1 Pedro1:19) . . . INOCENTE (Mateo 27:4) . . . SUBLIME (Hechos7:26) . . . OBEDIENTE A DIOS (Heb. 5:8—10) . . . OBEDIENTE A SUS PADRES TERRENALES (Lucas 2:51) . . . CELOSO (Juan2:17) . . . MANSO (Mateo 11:29) . . . HUMILDE DE CORAZON (Mateo11:29) . . . MISERICORDIOSO (Heb. 2:17) . . . PACIENTE (Isaías53:7) . . . CLEMENTE (1 Tim. 1:16) . . . PIADOSO (Mateo15:32) . . . BONDADOSO (Hechos 10:38) . . . AMOROSO (Juan15:13) . . . SACRIFICADO (2 Cor. 8:9) . . . HUMILDE (Fil. 2:5—11) . . . RESIGNADO (Lucas 22:42) . . . MAGNANIMO (Lucas 23:24).

Confesión: Jesucristo es digno. Gracias a Dios por este Digno. Gracias a Dios por este Divino. Gracias a Dios que Aquel quien es el Creador viniera al mundo de la Gloria para ser el Mediador, la Cabeza de la Iglesia, el Salvador, el Juez, el Conservador, el Dador de Vida, el Señor y Salvador. Y Gracias a Dios porque este Digno es mi Señor.

Humildad

El cual (Cristo Jesús), siendo en forma de Dios, no estimó el ser igual a Dios como cosa a que aferrarse, sino que se despojó a sí mismo, tomando forma de siervo, hecho semejante a los hombres; y estando en la condición de hombre, se humilló a sí mismo, haciéndose obediente hasta la muerte, y muerte de cruz.

— FILIPENSES 2:6—8

Cristo siempre ha existido en la forma de Dios. Pero se despojó a sí mismo y tomó la forma de un siervo, siendo hecho semejante a los hombres

Esto sugiere una operación expresa de Dios, completamente diferente de la generación natural: un milagro. Primero, Dios tomó a Cristo de la Deidad en el Cielo — y después lo puso en la matriz de una virgen, para ser unido con la carne en una concepción milagrosa.

Por lo tanto, entrando en el mundo dice:sacrificio y ofrenda no quisiste; mas me preparaste cuerpo.

—HEBREOS 10:5

Dios preparó un cuerpo — un cuerpo especial — para este Ser llamado el Hijo de Dios. ¡Por medio de la encarnación, Cristo fue hecho hombre!

Confesión: Gracias te doy, Jesús, por haberte despojado a ti mismo y haberte hecho semejante a los hombres. Era nuestra única esperanza. Te doy gracias por haberte humillado y ser obediente hasta la muerte, sí, incluso la muerte de cruz. Y te doy gracias, Padre, por ponerlo en alto, y por haberle dado un Nombre, que es sobre todo nombre. Y al Nombre de Jesús se doblan mis rodillas, y mi lengua confiesa que Jesucristo es Señor para la gloria de Dios el Padre. (Fil. 2:9—10).

Encarnación

En el principio era el Verbo, y el Verbo era con Dios, y el Verbo era Dios . . . Y aquel Verbo fue hecho carne, y habitó entre nosotros (y vimos su gloria, gloria como del unigénito del Padre), lleno de gracia y de verdad.

— JUAN 1:1,14

El diccionario Webster define Encarnación como "la unión de divinidad y humanidad en Jesucristo."

La encarnación fue la única solución al problema humano— la única esperanza para la raza humana a reunirse con Dios. *¡Cualquier religión que niega la encarnación de Jesús de Nazaret, es falsa!*

Este Ser Eterno, llamado Emanuel— Dios con nosotros, o Jesús el Cristo — es llamado aquí, el Verbo (o la Palabra). El Verbo existió desde un principio. El Verbo era con Dios — con Dios en comunión, en acuerdo, obrando con El. Dios creó el Universo por medio del Verbo. (Heb. 1:2, Juan 1:3).

Y este Ser eterno era Dios !El poseyó la misma naturaleza. El existió en la misma forma en igualdad con Dios (Fil. 2:6). ¡Y este Ser se hizo carne! El verbo se convirtió en hombre y habitó entre nosotros. El se convirtió en ser humano — tan hombre como si nunca hubiese sido otra cosa, no obstante no dejó de ser lo que había sido. El Verbo hizo Su morada entre nosotros y nosotros contemplamos la gloria de Dios. (Col. 1:15; Heb. 1:3).

Confesión: Jesús vino y habitó en carne para que yo pudiera estar eternamente reunido con el Padre. Jesús se hizo como yo, para que pudiera ser como El. Yo caminaré en la realidad de lo que la encarnación hizo posible para mí. Estoy reunido con mi Padre.

Mediador

Porque hay un solo Dios, y un solo mediador entre Dios, y los hombres, Jesucristo hombre.

— 1 TIMOTEO 2:5

La condición del hombre requería una Encarnación — el hombre había muerto espiritualmente sin ningún alcance a Dios. La Encarnación o unión de la Deidad y la humanidad, nos proporcionó Aquel que podía ser el Mediador del bombre. Por un lado, igual a Dios y por otro lado, unido al hombre. Este Salvador pudo aceptar las obligaciones de la traición del hombre y cumplir con la justicia, y de ese modo ser el puente entre el abismo que existía entre Dios y el hombre.

Dios creó al hombre a Su propia imagen, sólo un poco menor que El Mismo; tan parecido a Dios que les fue posible a Dios y al Hombre unirse para toda la eternidad en una sola persona. (Cuando Cristo se hizo hombre y adquirió un cuerpo físico en la Encarnación, El lo hizo para toda la eternidad. Por tanto, hoy hay un Dios—hombre en el cielo, a la diestra del Padre como resultado de la encarnación.) *¡Fue posible que Dios y el hombre pudieran unirse!*

Dios puede morar en nuestros cuerpos humanos. Dios puede dar Su *vida* y Su *naturaleza* a nuestros espíritus. Eso es lo que sucede en el nuevo nacimiento: La muerte espiritual es erradicada de nuestro espíritu, y ¡Dios le da Su propia *vida* al hombre!

Confesión: Hoy a la diestra del Padre hay un Dios—hombre, nuestro Mediador, Jesucristo. Jesús se puso en la brecha por mí. El hizo posible que la muerte se separara de mi espíritu, y que la misma vida y naturaleza de Dios tomaran lugar en mi espíritu. Por lo tanto, Dios ahora mora en mi espíritu. ¡Dios vive en mí!

El vino para salvar

Y darás a luz un hijo y llamarás su nombre Jesús, porque él salvará a su pueblo de sus pecados.

— MATEO 1:21

El primer paso hacia la redención fue la identificación de Cristo con nuestra humanidad. Esto sucedió en su encarnación. Cristo fue hecho carne (Juan 1:14). Hebreos 2:14 dice, "Así que, por cuanto los hijos participaron de carne y sangre, él también participó de lo mismo . . ."

Pero al momento de Su encarnación, Jesús no participó de la *naturaleza* que reinaba en el espíritu del hombre, si lo hubiese hecho, entonces, ¡El habría sido espiritualmente muerto durante su ministerio en la tierra! Entonces no hubiera podido agradar al Padre haciendo Su propia voluntad. No, Su identificación con la naturaleza espiritual del hombre no ocurrió hasta la crucifixión.

Allí, Dios hizo a Jesús, en realidad, pecado por nosotros (2 Cor. 5:21). Nuestra propia naturaleza pecaminosa fue cargada en Jesucristo hasta el punto en que El llegó a ser todo lo que la muerte espiritual había causado en el hombre. En la mente de Dios, no era Jesucristo el que colgaba en la cruz, sino la raza humana. Por lo tanto cada uno de nosotros puede decir con Pablo, "yo fuí crucificado con Cristo."

***Confesión:** Según Gálatas 2:20 y porque Jesús vino a salvarme de mis pecados, puedo decir, "Con Cristo estoy juntamente crucificado, y ya no vivo yo, mas vive Cristo en mí; y lo que ahora vivo en la carne, lo vivo en la fe del Hijo de Dios, el cual me amó y se entregó a sí mismo por mí."*

Para que Podamos Ser Hijos

Pero cuando vino el cumplimiento del tiempo, Dios envió a su Hijo, nacido de mujer y nacido bajo la ley, para que redimiese a los que estaban bajo la ley, a fin de que recibiésemos la adopción de hijos. Y por cuanto sois hijos, Dios envió a vuestros corazones el Espíritu de su Hijo, el cual clama: ¡Abba, Padre! Así que ya no eres esclavo, sino hijo; y si hijo, también heredero de Dios por medio de Cristo.

—GALATAS 4:4—7

El objeto de la Encarnación era que el hombre fuera dado el derecho de llegar a ser un hijo de Dios (Juan 1:12).

El hombre podría ser hijo de Dios solamente por el recibir la naturaleza de Dios; por lo tanto, Cristo, vino para que el hombre pudiera recibir vida eterna (Juan 10:10, 1Juan 5:11—12).

Y el hombre pudo recibir vida eterna sólo después de haber sido redimido legalmente de la autoridad de Satanás. (Col. 1:13,14).

Confesión: Dios envió a Su Hijo para redimirnos, para que pudiéramos ser hijos de Dios. Yo he recibido a Cristo; por eso, tengo vida. Soy un hijo de Dios, y porque lo soy, Dios ha enviado el Espíritu de Su Hijo a mi corazón, el cual clama ¡Abba, Padre! Ya no soy un esclavo sino un hijo. Soy un heredero de Dios por medio de Cristo.

El vino a Declararle a El

A Dios nadie le vio jamás; el unigénito Hijo, que está en el seno del Padre, él le ha dado a conocer.

—JUAN 1:18

¡Jesús verdaderamente llevó a cabo y apreció la parte de Su misión en la tierra, la cual se relacionaba con el declarar la verdadera naturaleza de Su Padre!

Un notable escolar de la Biblia dijo en cierta ocasión, acerca de la Encarnación, "Ahora sabemos que Dios es exactamente como esto que hemos visto en Jesús. El es como Cristo. Y si El es así, es un Dios bueno y de confianza. Si el corazón que sostiene el universo, es igual a ese huen corazón que se quedó en la cruz, entonces El puede tener mi corazón sin condiciones ni restricciones. No sé cómo enaltecer a Dios más, que diciendo que El debería vivir como Cristo . . . Esto es extraño, un hombre vivió entre nosotros, y cuando pensamos en Dios, pensamos en El de acuerdo con este hombre, o El no es bueno. Podemos transferir toda cualidad moral de Jesús a Dios, sin pérdida o degradación de nuestro pensamiento acerca de Dios. Al contrario, al pensar en El bajo los mismos términos de Jesús, exaltamos nuestro concepto de Dios. Todos aquellos que han tratado de pensar en El bajo otros términos, han rebajado y empobrecido nuestro concepto de El."

Confesión: Jesús me ha declarado a Dios el Padre. Sé cómo es Dios — ¡El es como Jesús!Dios es un Dios bueno — y yo confío en El.

El Revelador Encarnado

Jesús le dijo . . . El que me ha visto a mí, ha visto al Padre. . . .

— JUAN 14:9

El hombre nacido en un mundo gobernado por Satanás, no conoció por naturaleza a su creador. Desde el pecado de Adán — cuando el hombre murió *espiritualmente* — Dios y el hombre habían estado separados espiritualmente.

El hombre necesitaba una Encarnación desesperadamente. La Encarnación de Jesucristo — Dios manifestado en la carne — dio al mundo el verdadero conocimiento de la naturaleza de Dios.

Los hombres muertos espiritualmente no podían conocer la naturaleza del Creador sin una revelación de El. El mundo babía pensado que Dios era cruel, extraño, grotesco, inmoral, distante, o quizás, un ser de energía impersonal, pero nunca se le había pensado ser un Dios de amor — un Padre Celestial que nos ama.

"¿Cómo es El *en realidad?*" pregunta la gente acerca de alguna estrella de cine, personalidad de televisión, o político, etc. Y algunas veces aquellos que son cercanos a esa celehridad intentarán en una entrevista contar cómo es en realidad.

"¿Cómo es Dios *en realidad*?" la gente quiere saher. ¡Amigos, si realmente queréis saber cómo es Dios, *simplemente mirad a Jesús!*

Confesión: He visto a Jesús en la revelación de la Palabra de Dios. Por lo tanto, he visto al Padre. Sé cómo es Dios. ¡El es igual que Jesús! El es un Dios de Amor. El es Dios Padre. Y por medio de Jesús, El es mi propio Padre. Yo soy Su propio hijo. Estoy tan agradecido por este gran plan de redención, el cuál incluyó el revelar a mi Padre al mundo.

Su Gloria

Y aquel Verbo fue hecho carne, y levantó su tienda entre nosotros. Contemplamos su gloria — una gloria . . . lleno de verdad y favor.

— JUAN 1:14
(TRADUCCION DE ROTHERHAM)

A mí me gusta mucho la traducción de Rotherbam de Juan 1:14. Es tan hermosa.

Nos hemos inclinado a pensar de la venida de Cristo a la tierra como un hombre, sólo en términos de Su negarse a Sí Mismo, dejando a la gloria, o de Su sufrimiento en esta tierra. Pero creo que fue un gozo para Cristo, quien amó tanto al hombre y deseó su comunión, el "levantar su tienda" entre nosotros y así darle al hombre descarriado — que nunca había conocido a su creador — el verdadero concepto de Su Padre Celestial.

¡Fueron *buenas nuevas de gran gozo* las que el ángel anunció a los pastores — y a todo el mundo en todo lugar. El hombre, separado de Dios durante 4,000 años, podría ahora ver la gloria de Dios, podría ahora ver a Dios, podría ahora conocer a Dios tal y como es, y podría ahora reunirse con El!

Pero el angel les dijo: no temáis: porque he aquí os doy nuevas de gran gozo, que será para todo el pueblo:que os ha nacido hoy en la ciudad de David, un Salvador, que es Cristo el Señor.

— LUCAS 2:10,11

¡El Verbo se ha hecho carne!

Confesión: Así como la multitud del ejército celestial, yo también estoy alabando a Dios. ¡Alabemos a Dios por enviarnos BUENAS NUEVAS DE GRAN GOZO! ¡Alabemos a Dios por enviarnos un Salvador! ¡Gloria a Dios por CRISTO EL SEÑOR! ¡Alabemos a Dios por permitirnos ver SU GLORIA!

El Amor Envió A Su Hijo Para Salvarnos

. . . porque lo que en ella es engendrado, del Espíritu Santo es. Y dará a luz un hijo, y llamarás su nombre JESUS, porque él salvará a su pueblo de sus pecados.

Porque de tal manera amó Dios al mundo, que ha dado a su hijo unigénito, para que todo aquel que en él cree, no se pierda, mas tenga vida eterna.

Porque no envió Dios a su Hijo al mundo para condenar al mundo, sino para que el mundo sea salvo por él.

— MATEO 1:20,21; JUAN 3:16,17

Nuestro Padre

. . . porque vuestro Padre sabe de qué cosas tenéis necesidad, antes que vosotros le pidáis. Vosotros, pues, oraréis así: Padre nuestro . . .

— MATEO 6:8,9

Aún Israel, a quien Dios le había dado una revelación de Sí mismo, tan clara como era posible dar a hombres muertos espiritualmente, no conoció a Dios en realidad. Ellos no reconocieron a *Dios manifestado en la carne* cuando Jesús estuvo entre ellos. (Bajo el viejo pacto, la presencia de Dios estaba encerrada en el Lugar Santísimo.)

Por tanto, Jesucristo vino al mundo en un severo ambiente de justicia. Los judíos de su época no le entendieron. El les habló acerca de Dios como Su *Padre.* ¡El les habló acerca del *amor* y *cuidado* del Padre por los Suyos! Ellos se quedaron atónitos. Cuando Jesús presentó a Dios como el Dios Padre de Amor, Sus palabras, en la inmensa mayoría, cayeron en oídos sin reacción.

No obstante, debemos admitir, cuando meditamos sobre las palabras de Jesús acerca del amor de Dios, que incluso hijos de Dios, nacidos de nuevo, algunas veces son incapaces de ver el lado del amor de Dios. Israel nunca lo entendió. Ellos no comprendieron a quien se estaba refiriendo Jesús. Esto era nuevo para ellos. Y para decir la verdad, esto es nuevo para la mayoría de miembros de iglesia de hoy en día. Se les ha enseñado a temer a Dios, y a huir de un Dios de Justicia. Nunca han visto el lado del amor de Dios que Jesús vino a revelar.

Confesión: Hoy hago la decisión de cualidad de ver y conocer mejor al Dios de Amor. Meditaré acerca de la revelación que Jesús dio de Dios, hasta que realmente le conozca como a mi Dios Padre de Amor.

La Labor de un Padre

No os afanéis, pues, diciendo: ¿Qué comeremos, o qué beberemos, o qué vestiremos? Porque los gentiles buscan estas cosas, pero vuestro Padre Celestial sabe que tenéis necesidad de todas estas cosas. Mas buscad primeramente el reino de Dios y su justicia, y todas estas cosas os serán añadidas. Así que, no os afanéis por el día de mañana, porque el día de mañana traerá su afán. Basta a cada día su propio mal.

— MATEO 6:31–34

¡Añadidas! ¡Nó quitadas! Esto nos prueba que el Padre cuida de los suyos.

Otra versión dice: "no te preocupes por el mañana". Verás, Dios no quiere que Sus hijos estén afanados o preocupados. Lo que Dios está diciendo aquí es, "no te preocupes, ni estés ansioso, ni impaciente. Porque yo soy tu Padre celestial, yo sé que tu necesitas estas cosas. Pero busca primero el reino de Dios y Su justicia, y todas estas cosas os serán añadidas."

¡Esto es lo que Dios nuestro Padre está diciendo! Si Dios es tu Padre, puedes estar asegurado de que El tomará Su lugar de padre, y llevará a cabo la labor de padre. Puedes estar seguro de que si Dios es tu padre, él te ama y se preocupa por ti. ¡Alabado sea Dios, estoy contento de que El es mi Padre! ¿Es El el tuyo?

Confesión: No me preocupo por lo que comeré, o beberé, o vestiré. Mi Padre Celestial sabe que necesito todas estas cosas. Yo he buscado primero el reino de Dios y Su justicia, y todas estas cosas me son añadidas.

El Amor de Padre

El que tiene mis mandamientos, y los guarda, ése es el que me ama; y el que me ama, será amado por mi Padre, y yo le amaré, y me manifestaré a él. Le dijo Judas (no el Iscariote): Señor, ¿cómo es que te manifestarás a nosotros, y no al mundo? Respondió Jesús y le dijo: El que me ama, mi palabra guardará; y mi Padre le amará, y vendremos a él, y haremos morada con él.

— JUAN 14:21—23

En el texto de hoy se enfatizan dos cosas:

1. *"El que tiene mis mandamientos y los guarda . . ."* dijo Jesús. Tén en cuenta lo que son los mandamientos de Jesús. Jesús dijo *"un mandamiento nuevo os doy, que os améis unos a otros, como yo os he amado . . ."* (Juan 13:34). No hay porque preocuparse por ningún otro mandamiento. El andar en amor resume todo lo demás, porque la palabra de Dios dice, *"El cumplimiento de la ley es el amor"* (Romanos 13:10). (Si guardas los mandamientos de Jesús, habrás cumplido elresto de los otros mandamientos.)

2. *". . . Será amado por mi Padre . . ."* Si andas en amor, estás andando en el ámbito de Dios, porque Dios es amor. La propia naturaleza de Dios, ya que El es amor, hace que El se cuide de nosotros, nos proteja y nos defienda!

Confesión: Tengo los mandamientos de Jesús y los guardo. Yo amo a otros como Dios me ha amado a mí. Ando en amor para con mis hermanos. Muestro mi amor por Jesús cumpliendo Su mandamiento de Amor. Soy amado por mi Padre.

Cuánto Más

Pues si vosotros, siendo malos, sabéis dar buenas dádivas a vuestros hijos, ¿cuánto más vuestro Padre que está en los cielos dará buenas cosas a los que le pidan?

— MATEO 7:11

Tú, como padre, ¿planearías, te propondrías, y desearías que tus hijos pasaran una vida llena de pobreza, enfermedad, opresión, depresión, derrota, y de trabajo arduo? ¡No! ¡Por supuesto que no!

Mi hermano menor tuvo dificultades para educarse. Nuestro padre murió cuando él tenía 6 meses de edad. Terminó la escuela secundaria en la época de la Depresión, trabajando en el turno de las once de la noche a las siete de la mañana, en una procesadora de algodón, y después iba a la escuela inmediatamente al salir del trabajo.

A su debido tiempo, este hermano se casó, tuvo un hijo, y llegó a convertirse en un hombre de negocios muy próspero. El me dijo — y yo creo que ésta ha sido la fuerza impetuosa en la vida de mi hermano — "Preferiría que mi hijo se muriera ahora que nó que pasara por lo que yo pasé. Pero me voy a asegurar de que él no tenga las dificultades que yo tuve."

Mi hermano trabajo duramente para proporcionarle a su familia una vida mejor que la que él tuvo durante su crecimiento. Viéndolo simplemente desde un punto de vista natural, él hizo todo esto porque los amaba. Y esto es lo que Jesús quiso decir cuando dijo que si los hombres naturales saben cómo dar buenas cosas a sus hijos, ¡cuánto más nos dará nuestro amante Padre celestial buenas cosas a todos los que le pidan!

Confesión: Hasta los buenos padres naturales saben cómo dar buenas dádivas a sus hijos. ¡CUANTO MAS me dará mi Padre en el cielo buenas cosas cuando yo le pida!

Labrador

Yo soy la vid verdadera, y mi Padre es el labrador.

—JUAN 15:1

Mi Padre celestial es el Guardián.
El es el Protector.
El es mi Escudo.
El es mi Sustentador.
El es el Entrenador.
El es el Educador.

La palabra griega traducida "labrador" envuelve en sí misma todas estas variantes de significado. Así como el labrador entrena a las ramas de la vid, Dios también entrena a las ramas del Cuerpo de Cristo.

Y recuerda, ¡Dios es amor!

***Confesión:** Jesús es la vid verdadera. Yo soy una rama. Mi padre es el labrador. El es mi Guardador, mi Protector, mi Sustentador, mi Entrenador, mi Educador. ¡Yo daré mucho fruto!*

Amante

Pues el Padre mismo os ama porque vosotros me habéis amado y habéis creído que yo salí de Dios.

—JUAN 16:27

Nada puede ser más fuerte o más comfortante que el hecho de que el Padre Mismo te conoce, te ama, y desea bendecirte.

De hecho, Juan 17:23 dice que *Dios nos ama como El amó a Jesús*. ¡Qué pensamiento tan asombroso! ¡No obstante, es la verdad! ¡Jesús lo dijo!

¡Dios el Padre es *tu* Padre! El se ocupa de ti. El está interesado en ti como individuo — no solamente como un grupo, o un cuerpo de creyentes, o como una iglesia. Dios se interesa por cada uno de Sus hijos, y nos ama a cada uno de nosotros con el mismo amor.

Llega a conocer al Padre a través de Su Palabra. Es en Su Palabra que aprenderás acerca de tu Padre Celestial, de Su amor, Su naturaleza, de cómo se cuida de ti, de cómo te ama. El es todo lo que la Palabra dice que es. Y El hará todo lo que la Palabra dice que El hará.

Confesión: Yo amo a Jesús, y creo que El vino de Dios. Por eso el Padre me ama. Dios me conoce. El me cuida. El desea bendecirme. El está interesado en mi bienestar. Yo me familiarizo con El a través de Su Palabra. Dios es todo lo que la Palabra dice que es. El hará todo lo que la Palabra dice que El hará.

Decidido a Crecer

Pelea la buena batalla de fe . . .

— 1 TIMOTEO 6:12

La única batalla que el cristiano es llamado a luchar, es la *batalla de fe.*

¡Si te encuentras en cualquier otra clase de batalla, estás en la batalla incorrecta! No hay necesidad de luchar con el diablo — Jesús ya lo ha derrotado. No hay que luchar contra el pecado — Jesús es la cura para el pecado. Pero hay una lucha, y por consiguiente, enemigos, u obstáculos a la fe.

El enemigo mayor de la fe es la falta de entendimiento de la Palabra de Dios. De hecho, *todos* los obstáculos hacia la fe, se centran alrededor de la falta de conocimiento, ya que uno no puede creer o tener fe más allá del conocimiento de la Palabra de Dios.

Sin embargo, tu fe crecerá automáticamente a medida que tu *entendimiento* de la Palabra de Dios crezca. (Romanos 10:17). Si tu fe no está creciendo es porque tu conocimiento de la Palabra de Dios no está creciendo. Y no puedes crecer o desarrollarte espiritualmente, si no estás creciendo en fe.

La mejor resolución que puedes hacer hoy es que en el año venidero tu conocimiento sobre la Palabra de Dios crecerá. ¡Luego, dedícate al estudio de la Palabra! Como resultado tu fe automáticamente crecerá. Por lo tanto, tú crecerás y te desarrollarás espiritualmente.

Confesión: En el año entrante, mi fe crecerá. He decidido que mi conocimiento de la Palabra crecerá. Mi entendimiento de la Palabra de Dios crecerá. Por eso, la fe vendrá. Mi fe crecerá. ¡Yo creceré y me desarrollaré espiritualmente en este año!

La Fe le Sigue a la Luz

La exposición de tus palabras alumbra . . .

— SALMO 119:130

De joven, quedé paralítico. La ciencia médica dijo que moriría. Ahora bien, había oído el Nuevo Nacimiento predicado toda mi vida. Yo sabía cuál era la voluntad de Dios con respecto a la salvación. Y cuando me acerqué al Señor, estando paralítico, no tuve ninguna duda de que El me oiría. No tenía ninguna falta de entendimiento a ese respecto. Por lo tanto, no tuve ninguna duda, o falta de fe con respecto a la salvación. Recibí la salvación, y sabía que era salvo.

¡Pero todavía estaba paralítico! Ciertamente yo tenía falta de entendimiento sobre lo que la Palabra de Dios decía con respecto a la sanidad divina, la oración y la fe. Casi todo lo que había oído era como los predicadores decían, "Déjalo todo en las manos del Señor, El sabe qué es lo mejor." (¡Sí, pero en Su Palabra, Dios nos ha provisto de lo mejor!)

Con tiempo, después de mucho estudiar la Biblia, ví los pasos exactos que debía tomar en oración, y ví cómo desatar mi fe. Si hubiera sabido estas cosas más pronto, ya me habría sanado muchos meses antes. Dios no tenía reservado un tiempo especial para sanarme. ¡No! ¡El es el mismo cada día! El problema no era con el Señor o con su voluntad para sanarme, sino conmigo ¡Tan pronto como me enteré de lo que la Palabra de Dios decía acerca de la sanidad, y actué de acuerdo con élla, obtuve resultados! En cuanto la luz llega, allí está la fe.

Confesión: Descubriré lo que dice la Palabra y lo haré. Tendré resultados. Me ocuparé de que la Palabra de Dios sea expuesta a mi espíritu. La Luz vendrá — y la fe le seguirá.

Ahora Eres Nuevo

De modo que si alguno está en Cristo, nueva criatura es; las cosas viejas pasaron; he aquí todas son hechas nuevas.

—2 CORINTIOS 5:17

El texto de hoy es una de mis Escrituras favoritas. Lo aprendí cuando era un joven paralítico. Y cuando salí de aquella cama sanado, le dije a todo el mundo, "¡Soy una nueva criatura!"

Medita en este versículo hoy, porque si no entiendes la verdad de lo que es el Nuevo Nacimiento, te será un obstáculo para tu fe e impedirá que recibas las bendiciones que Dios quiere que recibas.

La naturaleza espiritual del hombre es una naturaleza caída — una naturaleza satánica. El hombre recibió la naturaleza satánica de Satanás, cuando Adán pecó. Y ningún hombre puede cambiar su propia naturaleza humana. *¡Pero Dios sí que puede hacerlo!*

Cuando naciste de nuevo, algo sucedió en tu *interior* — instantáneamente. ¡Aquella vieja naturaleza satánica se salió de ti. Y la misma vida y naturaleza de Dios entraron en ti. Dios te creó como una nueva criatura — una nueva creación. *El hombre en tu interior — el verdadero "tu", el cual es un hombre espíritu — ya se ha convertido en un nuevo hombre en Cristo.*

Así que, no te mires a ti mismo desde el punto de vista físico, desde el exterior, desde el punto de vista natural. Mírate a ti mismo desde el punto de vista espiritual. Mírate a ti mismo como una nueva criatura en Cristo. Así es como Dios te ve.

Confesión: Soy una nueva criatura. Las cosas viejas dentro de mí desaparecieron, todas las cosas dentro de mí se volvieron nuevas. Tengo una nueva vida. Tengo una nueva naturaleza. ¡Tengo la vida de Dios!

Dí Que Eres Nuevo

Con Cristo estoy juntamente crucificado, y ya no vivo yo mas vive Cristo en mí; y lo que ahora vivo en la carne, lo vivo en la fe del Hijo de Dios, el cual me amó y se entregó así mismo por mí.

— GALATAS 2:20

Yo fuí sanado un martes. El sábado siguiente fuí andando al centro, y me encontré a un amigo mío. Habíamos sido buenos amigos, pero durante los 16 meses que yo había estado en cama, él me había visitado solamente una vez.

El era la misma vieja criatura de siempre — pero yo me había convertido en una nueva criatura. El se rió acerca de ls cosas que solíamos hacer. Señalándome un edificio en la calle, me dijo, "Recuerdas aquella noche cuando . . ." y siguió hablando acerca de la ocasión en que forcé la cerradura de la puerta para que algunos muchachos pudieran entrar y robar dulces. Yo me senté allí con una expresión de extrañeza, como si no supiera nada de lo que él estaba mencionando. (Lo recordaba muy bien, pero quería aprovechar esta ocasión para testificar).

"¿Qué te pasa?" ¡Actúas como si no recordaras — y tú eras el cabecilla!", me dijo finalmente.

"Lefty, aquel muchacho que estaba contigo aquella noche está muerto."

"¡Tú no estás muerto!" ¡ Sé que estuviste a punto de morir, pero no estás muerto!" "¡Estás sentado aquí mismo!"

"Oh," le dije. "Tú sólo estás viendo la casa en donde vivo — mi cuerpo — el hombre en el interior, el que le dio permiso al cuerpo para abrir aquella; cerradura, se ha ido. Y este hombre en el interior es ahora una nueva criatura en Cristo Jesús."

Confesión: Soy una nueva criatura en Cristo Jesús. Me mantengo firme a mi confesión de que soy una nueva criatura.

Hombre Nuevo

Desead, como niños recién nacidos, la leche espiritual no adulterada, para que por ella crezcáis para salvación.

— 1 PEDRO 2:2

Cuando el pecador viene a Jesús, sus pecados son perdonados — borrados. Pero no solamente son sus pecados borrados, sino que también todo lo que él era, espiritualmente hablando, a los ojos de Dios es borrado. Sus pecados dejan de existir. El se convierte en un nuevo hombre en Cristo Jesús. *¡Dios no ve nada en la vida de aquella persona antes del momento en que nació de nuevo!*

En el texto de hoy — Pedro escribe a los cristianos nacidos de nuevo, los cuales son hombres nuevos en Cristo. La Biblia nos enseña una similitud entre el crecimiento físico y el crecimiento espiritual. Nadie nace como un adulto maduro, sino que nacemos como bebés espirituales y después crecemos. De la misma manera nadie nace como un cristiano maduro. Los cristianos nacen como bebés espirituales y después crecen. Al observar a un bebé recién nacido reposando en los brazos de su madre,la característica más sobresaliente es su inocencia. La gente acostumbra a decir, "¡Qué bebé más inocente!" Nadie piensa que el bebé haya tenido un pasado, ¿Comprendes ahora lo que Dios está diciendo a través del apóstol Pedro? Dios les está diciendo a aquellos que han nacido de nuevo y son ahora bebés en Cristo, *"como niños recién nacidos . . ."* En otras palabras, Dios está diciendo, "¡Ahora te has convertido en una nueva criatura — un bebé recien nacido! ¡Tu pasado se ha ido! ¡No voy a recordar nada en contra tuya!

Confesión: Soy una nueva criatura. ¡Soy un hombre nuevo! ¡Todo lo que fuí antes de haber nacido de nuevo a la familia de Dios, ha sido borrado! Soy un hijo de Dios — Su bebé — Su propio hijo.

No Más

Este es el pacto que haré con ellos después de aquellos días, dice el Señor: Pondré mis leyes en sus corazones, y en sus mentes las escribiré, añade: y nunca más me acordaré de sus pecados y transgresiones.

— HEBREOS 10:16,17

Cuando Dios te mira, El no recuerda que hayas tenido ningún pasado — ¿entonces, porque lo recuerdas tú? Esto puede ser un obstáculo para tu fe.

Al hablar con la gente, mucbos me han dicho, "Hermano Hagin, antes de convertirme viví una vida horrible." Después me han dicho que no creían que el Señor haría algo por ellos, así como sanarles, o contestar sus oraciones, ya que vivieron tales vidas pecaminosas antes de ser salvos. Demuestran una falta completa de entendimiento acerca del nuevo nacimiento, y de la nueva criatura que han llegado a ser.

Cuando un pecador viene a Cristo, el recibe el perdón de sus pecados — una limpieza total.

Y una vez que la persona sea cristiana, recibe el perdón de los pecados que pueda cometer: "si confesamos nuestros pecados, él es fiel y justo para perdonar nuestros pecados, y limpiarnos de toda maldad." (Juan 1:9). ¿Cuánto tiempo crees que necesita el Señor para perdonarnos? ¿diez minutos? ¿diez años? ¡No, Dios nos perdona al instante! Y El nos limpia al instante, cuando acudimos a El de acuerdo con esta Escritura.

Confesión: Mi Padre no recuerda mis pecados e iniquidades. Yo tampoco los recuerdo. Estoy en la presencia de Dios como si nunca hubiese pecado.

De Dentro Afuera

Sino que golpeo mi carne, y la pongo en servidumbre, no sea que habiendo sido heraldo para otros, yo mismo venga a ser eliminado.

— 1 CORINTIOS 9:27

Como cristiano, deja que el hombre nuevo de dentro, domine tu hombre exterior. El hombre exterior no es un hombre nuevo. El cuerpo no ha nacido de nuevo. El cuerpo querrá continuar a bacer las mismas cosas que siempre ha hecho - cosas que están mal. ¡El cuerpo de Pablo lo hizo! ¡Este gran apóstol no habría tenido que sujetar a su cuerpo, si no hubiera querido hacer cosas que eran malas. Así que, no te sorprendas cuando tu cuerpo quiera hacer algo malo.

Nosotros tenemos la carne con la que contender en este mundo. El diablo obra a través de la carne. Porque nosotros pasamos por pruebas y tentaciones en la carne, el diablo les dice a los cristianos, "¡No debes ni siquiera ser salvo!" ¡Si fueras salvo, no querrías hacer eso!" Satanás insinuará que eres "tú" quien quiere hacer cosas malas, cuando en realidad, "tú", el hombre de dentro — el nuevo hombre — no quiere hacer nada malo.

¿Necesitas romper un hábito? ¿Vencer una vieja tentación? ¿Andar con victoria sobre la carne? Haz lo que Pablo bizo. Dí lo que Pablo dijo. Pablo dijo, "Yo no permito que mi cuerpo me domine." ¿Quién es "yo"? "Yo" es el bombre interno. Pablo llamó a su cuerpo, "este", y a sí mismo, el hombre interior. "Yo", Pablo dijo, "golpeo mi cuerpo, y lo pongo en servidumbre . . . ¿Pero en servidumbre de quién? ¡Del hombre interior!

Confesión: Yo sujeto mi cuerpo. No permito que el cuerpo me domine. "Yo" tengo a mi cuerpo bajo "mi" servidumbre.

¿Meros hombres? ¡No!

De manera que yo, hermanos, no pude hablaros como espirituales, sino como a carnales, como niños en Cristo . . . porque aún sois carnales; pues habiendo entre vosotros celos, contiendas y disensiones, ¿no sois carnales y andáis como hombres?

— 1 CORINTIOS 3:1,3

Siento mucho decir que en la mayoría de los cristianos, la parte interior del hombre no domina la exterior. Al contrario, el cuerpo domina el hombre interior — y eso es lo que crea un cristiano carnal. Una traducción de nuestro texto dice, "dominado por el cuerpo" en lugar de "carnal". Y esto es lo que los cristianos carnales son, dominados por el cuerpo.

"Sois carnales . . . andáis como hombres." les dijo Pablo a los corintios. En otras palabras, ellos estaban viviendo como personas que nunca habían nacido de nuevo. Me gusta la forma en que la versión de la "Biblia Amplificada" traduce el versículo tres: ". . . Mientras que haya envidias, celos, disputas y facciones entre vosotros, no sois espirituales, sino carnales, comportándoos bajo una norma humana y como meros hombres."

¡No lo hagas! ¡Rehusa vivir solamente como mero hombre" ¡Vive como la nueva criatura que eres! Determina dejar que el nuevo hombre en Cristo — con todo lo que hay en él — domine tu ser.

Confesión: Yo me rehuso a caminar como un mero hombre. Yo he cambiado. Yo soy una nueva criatura en Cristo. Creceré en Cristo. Creceré espiritualmente. "Yo" — el hombre de dentro — dominaré mi ser. Caminaré como un hombre espiritual. Yo me comportaré de acuerdo a la norma de la Palabra de Dios. Caminaré en amor. ¡Andaré en fe!

Culto Espiritual

Así que, hermanos, os ruego por las misericordias de Dios, que presentéis vuestros cuerpos en sacrificio vivo, santo, agradable a Dios, que es vuestro culto racional.

— ROMANOS 12:1

"Tú" tienes que hacer algo con tu cuerpo. Pues si no lo haces tú, nunca será hecho nada al respecto. "Tú" el hombre interior, se ha convertido en un hombre nuevo en Cristo. "Tú" has recibido vida eterna. Cuando la vida eterna — la cuál es la vida y la naturaleza de Dios — es impartida a tu espíritu, ésta te cambia a "ti".

No tendrás problemas con el "tu", pero tendrás problemas con la carne. Hay personas que dicen, "tienes que morir a tu viejo ser". No, no. Ese viejo ser ya está muerto, y hay un nuevo ser en su lugar. A lo que tienes que morir, es a la carne.

¿Pero, no es la carne el hombre viejo? No, no lo es. La carne es el hombre exterior, el cuerpo. ¡Y es la misma carne que era antes de ser salvos!

Tu cuerpo es la casa en que vives, y "tú" — no el Señor— eres el guardián de aquella casa. "Tú" debes hacer algo con tu cuerpo, tienes que ofrecérselo a Dios como ". . . un sacrificio vivo, santo y agradable a Dios . . ." Otra traducción concluye este versículo con la frase ". . . que es vuestro culto racional."

Confesión: Yo soy una nueva criatura en Cristo. Yo sostengo firmemente esta confesión. Y el hombre nuevo que habita dentro de mí, está manifestándose en el hombre exterior y a través de la carne. Yo domino mi cuerpo. Yo se lo ofrezco a Dios como un sacrificio vivo, santo, y agradable a El, el cuál es mi culto espiritual.

En El

Bendito sea el Dios y Padre nuestro Señor Jesucristo, que nos bendijo con toda bendición espiritual en los lugares celestiales en Cristo.

— EFESIOS 1:3

Desde el momento en que naces de nuevo, hasta el día en que das el paso a la eternidad, Dios ya te ha hecho provisión en Cristo Jesús. Todo lo que necesites, "El ya te ha bendecido." ¡En la mente de Dios, es tuyo!

Muchas veces la gente me pregunta cómo pueden estudiar la Biblia. Aunque tengo varias sugerencias, aquí está la que presento en todo lugar. Como creyente, como cristiano, sigue este método a medida que estudies el Nuevo Testamento; principalmente las epístolas, (yo te aconsejo que pases la mayor parte del tiempo en las epístolas, porque son las cartas escritas para ti, el creyente. Estudia el Antiguo Testamento también, pero no pases la mayoría del tiempo allí. Pasa la mayoría del tiempo en el Nuevo Testamento. ¿Por qué? Porque no vivimos bajo el viejo pacto, ahora vivimos en el nuevo pacto.) En estas epístolas, las cuales están escritas para la iglesia, busca y subraya todas las expresiones tales como "en Cristo", "por Cristo", "en quien", "en El", etc. Escríbelas. Medita en ellas. Comienza a confesarlas con tu boca. En lo que a Dios concierne, todo lo que tienes o eres en Cristo, ya es así. Dios ya lo ha hecho todo en Cristo. Sin embargo, es tu creencia y tu confesión la que lo convertira en realidad para ti.

Confesión: Yo soy una nueva criatura EN CRISTO. Dios el Padre me HA bendecido con todas las bendiciones espirituales en los lugares celestiales EN CRISTO.

Corazón y Boca

Porque con el corazón se cree para justicia, pero con la boca se confiesa para salvación.

— ROMANOS 10:10

Es siempre con el corazón que el hombre cree, y con la boca que confesión es hecha. Cuando crees algo con el corazón y lo confiesas con la boca, entonces se hace realidad en ti. ¡Las confesiones de fe crean realidades!

Por ejemplo, Hebreos 9:12 dice, "Y no por sangre de machos cabríos ni de becerros, sino por su propia sangre entró UNA vez para siempre en el Lugar Santísimo, habiendo obtenido eterna redención." Jesús nunca tendrá que hacerlo otra vez; El ya lo ha hecho una vez y para siempre. Y Romanos 10:10 nos dice cómo obtenemos la realidad de esa salvación: por el creer con el corazón — el hombre interior — y el confesar con la boca.

Al leer en las escrituras algunas de las expresiones "En Cristo", "En El", "En Quien", puede que no te parezca que en realidad tengas lo que estas Escrituras dicen que tienes. Pero si empiezas a confesar (Porque sí que crees la Palabra de Dios en el corazón), "Esto es mío. Este es quien yo soy. Esto es lo que tengo," entonces se convertirá en realidad para ti. Ya es realidad en el ámbito espiritual. Pero tu quieres que esto se realice en el ámbito físico en donde estás viviendo.

***Confesión:** Con mi corazón, creo la Palabra de Dios. Y con mi boca confieso Sus promesas y provisiones. Mis confesiones de fe hacen realidad estas promesas y provisiones en mi vida. Yo soy lo que Dios dice que soy. ¡Ahora! Yo tengo lo que Dios dice que tengo. ¡Ahora!*

¡Fuimos Sanados!

Quien llevó él mismo nuestros pecados en su cuerpo sobre el madero, para que nosotros, estando muertos a los pecados, vivamos a la justicia; y por cuya herida fuisteis sanados.

— 1 PEDRO 2:24

Hace varios años, una mujer fue llevada a uno de mis cultos. Ella no había caminado durante 4 años, y los médicos le habían dicho que no andaría jamás. Yo me senté a su lado y coloqué mi Biblia en su regazo.

"Hermana, por favor, lea este versículo en voz alta", le dije. Ella leyó 1 Pedro 2:24 en voz alta. Y al terminar con ". . . por sus llagas fuimos sanados," le pregunté. "¿Es "fuimos" tiempo pasado, presente, o futuro?"

Nunca olvidaré su reacción. "Fuimos es tiempo pasado", exclamó. "Y si fuimos sanados, entonces yo lo fuí!" Ella aceptó la Palabra de Dios con el entusiasmo y la sinceridad de una niña — como todos deberíamos hacerlo. Y es así como Dios lo registra en Su Palabra. ¡El no promete sanarnos, porque El ya nos ha provisto sanidad hace casi 2000 años!

La sanidad es algo que ya tenemos en Cristo. El rostro de esta hermana se encendió, "¡Alabado sea Dios"! ¡Señor estoy tan contenta de estar sana! ¡Señor, estoy tan feliz porque puedo caminar nuevamente! (Y ella todavía no había dado un paso.) Estoy tan feliz de ya no ser una inválida. Estoy tan contenta de poder valerme por mi misma." ¡Levántate y camina!le dije. ¡Y la mujer se levantó y anduvo. . . . !

Confesión: Por sus llagas fuimos sanados. Si lo fuimos, entonces yo lo fui. Yo soy sanado: La sanidad me pertenece ¡Yo la tengo ahora!

Redimido de la Maldición

. . . Que vendrán sobre ti todas estas maldiciones . . . Si no cuidares de poner por obra todas las palabras de esta ley . . . Asimismo toda enfermedad y toda plaga que no está escrita en el libro de esta ley.

— DEUTERONOMIO 28:15,58,61

Cristo nos redimió de la maldición de la ley, hecho por nosotros maldición (porque está escrito: Maldito todo el que es colgado en un madero).

— GALATAS 3:13

La Biblia dice que toda clase de enfermedad y dolencia es una maldición de la ley. En el capítulo 28 de Deuteronomio, la ley nombró específicamente once enfermedades como parte de la maldición de la ley; luego el versículo 61 circunda todas las enfermedades y dolencias como maldiciones de la ley.

¡Pero Cristo nos redimió de la maldición de la ley! ¡Cristo no va a redimirnos, sino que ya nos ha redimido!Pedro, refiriéndose al sacrificio del Calvario dijo, "Por cuya herida fuisteis sanados." ¡No vais a ser, sino que fuisteis sanados!

Dios recuerda que El puso no solamente nuestros pecados e iniquidades en Jesús sino también todas nuestras enfermedades y dolencias. (Isaías 53:4,5). Jesús recuerda que El llevó nuestros pecados y enfermedades por nosotros. (Mateo 8:17). Por eso, el Espíritu Santo inspiró a Pedro a escribir, ". . . por sus heridas fuimos sanados."

Confesión: Según el capítulo 28 de Deuteronomio, todas las clases de enfermedades y dolencias son maldiciones de la ley. Pero según Gálatas 3:13, Cristo nos ha redimido de la maldición de la ley. Por tanto, yo soy redimido de las enfermedades.

Reconciliado

Que Dios estaba (presente personalmente) en Cristo, reconciliando y restaurando al mundo a su propio favor, no tomándoles en cuenta ni reprochándoles a los hombres sus pecados e iniquidades, (sino anulándolos) y encargándonos a nosotros el mensaje de la reconciliación — la restauración a favor.

— 2 CORINTIOS 5:19
BIBLIA AMPLIFICADA

"Hermano Hagin", preguntó una mujer, "¿por qué no he sido sanada? Yo sé que Dios ha prometido sanarme."

Yo entendí su problema y traté de ayudarle. "No, señora, Dios no ha prometido sanarla, al igual que El no ha prometido salvar a los perdidos. En ninguna parte de la palabra de Dios dice, "Dios ha prometido salvarle." No, la Palabra de Dios declara que Dios ya ha hecho algo por su salvación. Dios puso sus pecados e iniquidades sobre Jesús.

Dios ya nos ha reconciliado con El a través de Cristo. Y El nos dio a nosotros el ministerio de la reconciliación. Nosotros debemos decirle a la gente que Dios estaba presente con Jesucristo para reconciliar al mundo a su propio favor. Dios ya no está atribuyendo o tomando en cuenta o reprochándoles a los hombres sus iniquidades.

"Pues", alguien dijo, "¿Todos seremos salvos entonces, no es así?" No, la gente debe aceptar esa reconciliación que Dios ofrece. Debemos nacer de nuevo, porque somos, por naturaleza, hijos del diablo.

Confesión: Estoy reconciliado con Dios a través de Cristo. Ahora estoy en la gracia de Dios. Y Dios me ha dado a mí el ministerio de la reconciliación.

Arma Poderosa

Porque las armas de nuestra milicia no son carnales, sino poderosas en Dios para la destrucción de fortalezas.

— 2 CORINTIOS 10:4

Aunque hemos sido hechos nuevas criaturas — aunque somos creados por Dios en Cristo Jesús — y aunque hemos sido sacados de la autoridad de Satanás — aún vivimos en un mundo gobernado por Satanás.

La Biblia se refiere a Satanás como a "el dios de este mundo" (2 Corintios 4:4). Satanás también es llamado "el príncipe de la potestad del aire" (Efesios 2:2). Cristo lo llamó "el príncipe de este mundo" (Juan 12:31, 14:30, 16:11). Según la Palabra de Dios, el aire que nos rodea, está lleno de fuerzas bostiles que tratan de destruir nuestra comunión con Dios el Padre, y de despojarnos de nuestra utilidad en el servicio del Maestro.

Pero nuestro Dios Padre en su gran providencia y plan de redención, nos ha dado una arma para usar contra Satanás. Esa arma nos es dada no sólo para nosotros mismos, sino también para el beneficio de los hombres y mujeres dominados por Satanás a nuestro alrededor. ¡Esa arma es el Nombre de Jesús!

Confesión: Las armas de mi milicia no son carnales, sino poderosas en Dios para la destrucción de fortalezas. Donde las fuerzas de Satanás se han convertido en fortalezas, yo las puedo destruir con el Nombre Poderoso de Jesús. Satanás no puede con ese Nombre. Y ese Nombre es una arma poderosa que me es dada para usarla contra las fuerzas del enemigo.

Por Herencia

Dios . . . en estos postreros días nos ha hablado por el Hijo, a quien constituyó heredero de todo, y por quien asímismo hizo el universo; el cual, siendo el resplandor de su gloria, y la imagen misma de su sustancia, y quien sustenta todas las cosas con la palabra de poder, habiendo efectuado la purificación de nuestros pecados por medio de sí mismo, se sentó a la diestra de la Majestad en las alturas, hecho tanto superior a los ángeles, cuanto heredó más excelente nombre que ellos.

— HEBREOS 1:1—4

No podemos medir la inmensidad del poder y la autoridad en el Nombre de Jesús sin comprender que El heredó ese Nombre de Dios el Creador.

Jesús es el resplandor de la Gloria de Dios.

Jesús es la expresa imagen de la Persona de Dios — el mismo esplendor de Dios el Padre.

Jesús es el heredero de todas las cosas. Y Jesús heredó Su Nombre. La magnificencia del Nombre de Jesús es herencia de Su Padre. Por lo tanto, el poder de Su Nombre sólo puede ser medido por el poder de Dios.

Y cada creyente ha heredado el derecho legal para usar el Nombre de Jesús.

Confesión: ¡Sé que el Nombre de Jesús contiene el poder y la autoridad del Creador! Sé también que el poder en el Nombre de Jesús puede ser medido únicamente por el poder de Dios. ¡Y sé que tengo un derecho legal para usar ese Nombre!

Por Conquista

Y despojando a los principados y a las potestades, los exhibió públicamente, triunfando sobre ellos en la cruz.

— COLOSENSES 2:15

Este es un ejemplo de Cristo en un combate contra las huestes de las tinieblas!

Una nota al pie de mi Biblia dice:"El se despojó de sí mismo los principados y los poderes . . . . ." Es evidente que cuando las huestes demoníacas tuvieron a Jesús en su poder, trataron de subyugarle y hacerlo esclavo. Pero cuando oyó el grito desde el trono de Dios de que Jesús había cumplido las exigencias de la justicia — que el asunto del pecado había sido resuelto, y que la redención del hombre era un hecho — entonces Jesús rechazó a las huestes demoníacas y se enfrentó a Satanás en terrible combate.

Creo que la traducción de Rotherham sobre Hebreos 2:14 lo explica de una forma aún más clara: "con el fin de que a través de la muerte, El paralizase a aquel que ejercitaba el dominio de la muerte, eso es el adversario." ¡Jesús paralizó a Satanás! ¡Jesús lo arruinó!

Hay autoridad en el Nombre de Jesús, porque Jesús logró la autoridad de Su Nombre por conquista.

Confesión: Jesucristo despojó los principados y poderes. El los exhibió públicamente triunfando sobre ellos. Jesús paralizó a Satanás, y a todos sus súbditos. ¡Por lo tanto, hay autoridad en el Nombre de Jesús! ¡Y tengo un derecho legal para usar ese Nombre triunfante en contra de las fuerzas del enemigo!

La Grandeza de la Resurrección

Cuanto heredó más excelente nombre que ellos. Porque ¿a cuál de los ángeles dijo Dios jamás: Mi hijo eres tú, yo te he engendrado hoy?"

— HEBREOS 1:4,5

La cual Dios ha cumplido a los hijos de ellos, a nosotros, resucitando a Jesús, como está escrito también en el salmo segundo: Mi hijo eres tú, yo te he engendrado hoy.

— HECHOS 13:33

¿Cuándo heredó Jesús Su Nombre? ¿Cuándo le fue otorgado? Le fue otorgado, cuando Jesús fue hecho vivo de la muerte espiritual — cuando fue resucitado de entre los muertos.

Fue en la resurrección de Jesús que Dios dijo "Mi Hijo eres tú, yo te he engendrado hoy. Y fue después de la resurrección de Jesús que Jesús reveló que toda la autoridad se le había dado en el cielo y en la tierra.

Cada declaración acerca del hecho de que el Nombre de Jesús fue heredado u otorgado, muestra que Jesús recibió la excelencia de Su Nombre — la plenitud de éste — después de Su resurrección de entre los muertos.

Confesión: Jesús es Señor. El ha resucitado de entre los muertos, y es Señor. Toda Potestad y autoridad demostrada en la resurrección residen en el Nombre que El me ha dado.

Dado por Dios

Por lo cual Dios también le exaltó hasta lo sumo, y le dio un nombre que es sobre todo nombre, para que en el nombre de Jesús se doble toda rodilla de los que están en los cielos, y en la tierra, y debajo de la tierra; y toda lengua confiese que Jesucristo es el Señor, para gloria de Dios Padre.

— FILIPENSES 2:9—11

Esto fue hecho cuando Cristo ascendió a las alturas y Dios sentó a Cristo a Su diestra, sobre todo principado y poder, y señorío y dominio. Otra versión de Filipenses 2:10 dice así, "para que en el nombre de Jesús se doble toda rodilla de los seres que están en la tierra y de los que están debajo de la tierra."(Esto se refiere a ángeles, hombres, y demonios.)

¿Por qué se le otorgó este Nombre a Jesús? ¿Por qué fue este Nombre lleno de tal autoridad y dominio" ¿Fue hecho para el provecho de Jesús? No. En los 2000 años desde que Jesús resucitó, ascendió a los cielos y se sentó a la diestra de Dios Padre, Jesús mismo no ha usado ese nombre ni una sola vez. ¡De hecho, las Escrituras no dan ningún indicio de que Jesús haya usado ese Nombre una sola vez! Jesús no necesita hacerlo. El reina sobre la creación por Su Palabra. ¡Pero las Escrituras sí que revelan que el Nombre de Jesús ha sido dado para que la iglesia, el cuerpo de Cristo, lo use!

Confesión: Como miembro del cuerpo de Cristo, como creyente, tengo el derecho de usar el Nombre de Jesús — ese Nombre que está por encima de cualquier nombre.

Por Su Cuerpo, la Iglesia

Y cuál la supereminente grandeza de su poder para con nosotros los que creemos, según la operación del poder de su fuerza, la cual operó en Cristo, resucitándole de los muertos y sentándole a su diestra en los lugares celestiales, sobre todo principado y autoridad y poder y señorío, y sobre todo nombre que se nombra, no sólo en este siglo, sino también en el venidero; y sometió todas las cosas bajo sus pies, y lo dio por cabeza sobre todas las cosas a la iglesia, la cual es su cuerpo, la plenitud de Aquel que todo lo llena en todo.

— EFESIOS 1:19—23

En todo lugar donde la Biblia menciona el Nombre de Jesús, también se refiere a Su Cuerpo, la Iglesia, porque el Nombre le fue dado a Jesús para que la iglesia lo usara.

Los que necesitan usar Su Nombre, son aquellos que son herederos juntamente con Jesucristo; y aquellos que están en contacto con hombres y mujeres que necesitan librarse de Satanás.

¡Todo lo que Jesús es por herencia está en Aquel Nombre! ¡Todo lo que Jesús ha hecho por conquista está en Aquel Nombre! ¡Y ese Nombre pertenece al Cuerpo de Cristo: Nos pertenece a ti y a mí! Dios ha hecho esta investidura por la iglesia. ¡La iglesia tiene el derecho de extraer de este depósito cuando lo necesite! Este Nombre tiene en Su interior la plenitud de la Deidad.

Confesión: Tenemos el derecho de usar el Nombre de Jesús en contra del enemigo. Tenemos el derecho de usar este Nombre en la oración. Tenemos el derecho de usar este Nombre en la alabanza y la adoración.

Todo

Porque todo es vuestro . . . y vosotros de Cristo y Cristo de Dios.

— 1 CORINTIOS 3:21—23

La mayoría de la gente no pensaría que los corintios podrían recibir algo del Señor; eran tan carnales. Pablo comenzó este capítulo diciéndoles que eran carnales, sin embargo, añadió "todo es vuestro . . ."

Cuando naciste a la familia de Dios, recibiste el derecho y el privilegio a usar el Nombre de Jesús. Todo lo que Jesús compró y pagó, automáticamente pasó a ser tuyo. Pero el usar lo que te pertenece depende en ti.

Considera la historia del hijo pródigo. Si el pródigo es un tipo del pecador, o hermano caído, y el Padre es un tipo de Dios, entonces el bermano mayor es un tipo del cristiano que no se ha descarriado. Cuando el hermano mayor llegó del campo, él oyó música y danza. Un siervo le dijo, "Tu hermano ha vuelto, y tu Padre ha matado el becerro gordo."El hermano mayor se enojó y no quiso entrar y participar de la fiesta. Entonces su padre salió y le rogó que entrase. "No, no voy a entrar," respondió él. "¡Te he servido fielmente todos estos años. Nunca te he dejado. Yo no me fuí y gasté tu dinero, y tu nunca me has dado una fiesta!" "Hijo,"el padre le dijo, "Todas mis cosas son tuyas" (Lucas 15:31).

¿Tiene Dios lo que necesitas? Si lo tiene, entonces ya es tuyo. Pero tú tendrás que apropiarlo.

Confesión: Todas las cosas son mías. Yo soy de Cristo y Cristo es de Dios. El Nombre de Jesús me pertenece. Yo puedo usarlo. Lo usaré. ¡Todo lo que el Padre tiene, es mío!

En Oración

En aquel día no me preguntaréis nada. De cierto, de cierto os digo, que todo cuanto pidiereis al Padre en mi nombre, os lo dará. Hasta ahora nada habéis pedido en mi nombre; pedid, y recibiréis, para que vuestro gozo sea cumplido.

— JUAN 16:23,24

Esta promesa de oración es quizás la declaración más asombrosa que ha salido de los labios del Hombre de Galilea.

¿Qué quiere decir Jesús con "en aquel día"? Mirando hacia el futuro, Jesús estaba diciendo, "Yo me iré, voy al Calvario. Voy a morir, pero voy a resucitar de entre los muertos. Y voy a ascender a las alturas. Voy a sentarme a la diestra del Padre. Y vendrá un día nuevo. ¡Un pacto nuevo o nuevo testamento va a tomar lugar! Y en aquel día no me pediréis nada. "¡Este día en que nosotros vivimos es aquel nuevo día!

"Hasta ahora nada habéis pedido en mi nombre . . ." Los discípulos no oraron en el Nombre de Jesús mientras Jesús estuvo en la tierra. Esto no podría haber funcionado. Y ellos no lo necesitaban hacer, ya que mientras Jesús estuvo con ellos, El suplió cada una de sus necesidades. Pero el tiempo se estaba acercando en el que Jesús los dejaría. Entonces sería cuando necesitarían Su Nombre. ¡El Nombre de Jesús toma personalmente el lugar de Jesús en el hacer milagros, librar de la autoridad de Satanás, y traer a Dios a la escena!

Confesión: Yo soy un cristiano del Nuevo Pacto. Oro a mi Padre en el Nombre de Jesús. Pido en el Nombre de Jesús. ¡Recibo — y mi gozo es completo!

Demandar

De cierto, de cierto os digo: El que en mí cree, las obras que yo hago, él las hará también; y aún mayores hará, porque yo voy al Padre. Y todo lo que pidiereis al Padre en mi nombre, lo haré, para que el Padre sea glorificado en el Hijo. Si algo pidiereis en mi nombre, yo lo haré.

— JUAN 14:12—14

Los versículos en el texto de hoy no tienen nada que ver con la oración. En el devocional de ayer, vimos cómo Jesús dijo que usáramos Su Nombre en oración al Padre. Pero aquí vemos un uso diferente del Nombre de Jesús. Aquí, la palabra en griego, traducida "pedir" significa exigir, o demandar.

Un ejemplo de este uso del Nombre lo vemos en la Puerta Hermosa. Pedro le dijo al hombre cojo sentado a la puerta, ". . . En el Nombre de Jesús de Nazaret, levántate, y anda." (Hechos 3:6)

"Todo lo que demandes o exijas en mi Nombre lo haré" Deja que esto te penetre por un momento. Nota que ellos no oraron. Cuando usamos el Nombre de Jesús, es como si Jesús Mismo estuviese allí. ¡Todo poder y autoridad investidos en Jesús, se encuentran en Su Nombre! Tú no estás demandando nada del Padre. (Después de todo, no fue Dios quien ató a este hombre cojo, sino el diablo). ¡No, le estás demandando al diablo!

Confesión: El Nombre de Jesús me pertenece a mí, todo lo que demando en el Nombre de Jesús, ¡Dios lo hará!

Delegado

. . . Id por todo el mundo y predicad el evangelio a toda criatura . . . Y estas señales seguirán a los que creen: En mi nombre echarán fuera demonios; hablarán nuevas lenguas; tomarán en las manos serpientes, y si bebieren cosa mortífera, no les hará daño; sobre los enfermos pondrán sus manos, y sanarán.

— MARCOS 16:15,17,18

Jesús delegó el poder y la autoridad en Su Nombre a "los que creen". Algunos han relegado esa autoridad espiritual a predicadores grandemente usados por Dios. Pero este pasaje de las Escrituras no se está refiriendo solamente a evangelistas, pastores u otras personas en el ministerio; se está refiriendo a todo el cuerpo de Cristo — los que creen.

La autoridad está investida en el Nombre de Jesús. Y la autoridad también está investida en la iglesia del Señor Jesucristo aquí en la tierra. Algunos de nosotros hemos tocado esa autoridad de vez en cuando, pero nadie ha logrado vivir en ella como Dios quiere.

Sin embargo, estoy totalmente convencido de que en estos últimos días, antes de que Jesús venga, se levantará un grupo de creyentes que aprenderán a aprovecharse de todo lo que les pertenece en ese Nombre — el Nombre que está sobre todo Nombre — ¡El Nombre Poderoso de Jesús!

Confesión: Yo soy un creyente. Y estas señales me siguen. Aprenderé y sabré cómo aprovecharme de lo que me pertenece. El Nombre que está sobre todo Nombre.

Conocimiento

Hijo mío, si recibieres mis palabras, y mis mandamientos guardares dentro de ti . . . Entonces entenderás el temor de Jehová y hallarás el conocimiento de Dios, porque Jehová da la sabiduría y de su boca viene el conocimiento. . . .

—PROVERBIOS 2:1,5,6

La fe verdadera es hija del conocimiento de la Palabra de Dios. No se necesita usar el intelecto o la voluntad del hombre para alcanzar la fe. La fe acompaña al conocimiento. Cuando viene la luz del conocimiento, allí hay fe. Como dice el salmista David, "La entrada de tu palabra alumbra . . ." (Salmo 119:130).

A menudo, hay gente que ora por fe. ¡Pero lo que realmente necesitan, es conocimiento de la Palabra de Dios! Cuando te llegue el conocimiento de la Palabra de Dios, la fe vendrá automáticamente. Podrías orar para siempre para tener fe, pero si no tienes conocimiento de la Palabra de Dios, nunca recibirás fe.

Así que, aliméntate de la Palabra de Dios. Medita en la Palabra de Dios. Recuerda, "la fe es por el oir, y el oir, por la palabra de Dios." (Romanos 10:17).

Confesión: Yo recibiré la Palabra de Dios. La esconderé dentro de mí. Y encontraré el conocimiento de Dios, porque de la boca del Señor procede conocimiento. Recibiré conocimiento de la Palabra de Dios. Y la fe le acompañará. La fe viene por el oir y el oir por la Palabra de Dios.

La Fe: Una Acción

Pero sed hacedores de la palabra, y no tan solamente oidores . . .

— SANTIAGO 1:22

Algunas personas tienen tal lucha. Dicen que están tratando de obtener fe o tratando de creer. Pero todo lo que se necesita, es actuar de acuerdo con lo que Dios dice.

Yo uso la frase, "actuar de acuerdo con la Palabra de Dios" en vez de "tener fe" o "creer", ¡porque esto es exactamente lo que la fe es!

Una vez, alguien le preguntó a Raymond T. Richey, un predicador grandemente usado por Dios en el ministerio de la sanidad en los años pasados. "¿Qué es la fe?"

Richey le respondió, "la fe es simplemente actuar de acuerdo con la Palabra de Dios."

Smith Wigglesworth diría, "La fe es una acción." Esto es lo que la fe es — el actuar de acuerdo con la Palabra de Dios.

Confesión: Soy un hacedor de la Palabra. Adquiero conocimiento de la Palabra de Dios. Oigo Su Palabra. Después hago algo en conformidad con élla. Actúo de acuerdo a la Palabra de Dios.

Realidad

La suma de tu palabra es verdad . . .

— SALMO 119:160

La gente a menudo, substituye la fe por algo diferente — la substituyen por un consentimiento mental o acuerdo mental. Mentalmente están de acuerdo en que la Biblia es verdad, y a esto lo llaman fe. Pero el estar de acuerdo mentalmente con la Palabra de Dios no es fe. Tú puedes estar mentalmente de acuerdo en que la Palabra es verdad, pero no se convertirá en realidad para ti hasta que actúes de acuerdo con ella. Es cuando actúas de acuerdo con la Palabra de Dios que llega a ser una realidad.

Por ejemplo, uno puede creer en la verdad de la resurrección como una gran doctrina (y en algunos círculos eso es todo lo que es — una doctrina o un dogma), pero a ti no te significará nada, hasta que puedas decir, "¡Jesús murió por mí! Jesús resucitó victoriosamente sobre la muerte, el infierno y la tumba — ¡y El lo hizo por mí! Jesús resucitó victorioso sobre Satanás. Jesús lo venció por mí. ¡Por tanto, Satanás no tiene dominio sobre mí! ¡Soy libre!"

La resurrección no significará nada en tu vida hasta que puedas decir estas palabras. Entonces la verdad de la resurrección en la Palabra de Dios llegará a ser algo más que una doctrina, más que un dogma, más que una creencia, más que una teoría — ¡llegará a ser una realidad!

Confesión: Soy un hacedor de la Palabra. Yo actúo de acuerdo con lo que la Palabra dice que es mío. La Palabra es verdad. Yo sé que es verdad. Así que actúo como si fuera verdad y la Palabra llega a ser una realidad en mi vida.

Actuo como si Fuera Verdad

Santifícalos en tu verdad, tu palabra es verdad.
— JUAN 17:17

Las crisis de la vida nos vienen a todos. Si no sabes cómo actuar de acuerdo a la Palabra de Dios cuando una crisis llega, estarás en una situación desventajosa.

No importa cuál sea el problema, la palabra de Dios tiene algo que decir al respecto. La palabra de Dios tiene la respuesta. ¡Averigua lo que dice la Palabra de Dios y actua como si fuera verdad!

Cuando alguien pregunta, "¿Qué vamos a hacer ahora?" Simplemente sonríe y responde, "¡Vamos a actuar como si la Biblia fuera verdad!" Mucha gente mentalmente concuerda en que la Biblia es verdad, pro eso no es suficiente. ¡Debes actuar como si la Biblia es verdad! Si sabes que la Palabra de Dios es verdad y actúas como tal, entonces llegará a ser una realidad en tu vida. ¡Tú traerás a Dios al escenario de tu vida!

***Confesión:** La Palabra de Dios es verdad. Actuo como si fuera verdad. Actuo como si 1 Juan 4:4 es verdad. Actuo como si Mateo 6:25—34 es verdad. Actuo como si Hebreos 13:5,6 es verdad. Actuo como si Filipenses 4:19 es verdad. Actuo como si Mateo 8:17 y 1 Pedro 2:24 son verdad. Actuo como si todas las escrituras de "en El" son verdad. ¡Actuo así, y son realidades en mi vida!*

El Señor a la Obra

. . . Porque de Jehová es la batalla . . .

— 1 SAMUEL 17:47

"No te metas en líos", me dijo mi madre cuando fuí a enfrentar una crisis familiar. "Alguien casi azotó a tu hermano Dub."

"No voy a tener ningún problema," le respondí. "Yo nunca tendré problemas. Voy a poner al Señor a trabajar."

La esposa del hombre que había iniciado el problema, me salió a recibir a la calle. Ella empezó a hablar y enfurecerse y maldecir. Yo pensé, "Querido Señor, aquí está esta pobre alma, llena de odio y egoísmo, y no puede evitar ser así. No puede evitar el tener la naturaleza del diablo, porque es una hija del diablo." Yo no le dije ni palabra a élla, pero le dije al Señor en mi corazón, "Gracias a Dios que el que es Mayor está en mí." Y actué como si el que es Mayor estuviera en mí. (1 Juan 4:4). ¡El es el Mayor! ¡El es Mayor que el diablo que estaba en ella!

Creo que ella se dio cuenta de la compasión que crecía en mí, pues de repente me miró y balbuceando paró de hablar. Entonces, tomó mi mano y se arrodilló, suplicando, "Dios mío, pon tus manos sobre mi cabeza y ora por mí. Una pobre alma como yo necesita ayuda. Oh, Dios mío, ora por mí!"

Yo no había dicho una sola palabra. Todo lo que hice fue actuar como si la Biblia fuera verdad.

***Confesión:** El que es Mayor está dentro de mí. ¡Y yo voy a actuar así!*

Su Guerra

. . . No temáis ni os amedrentéis . . . porque no es vuestra la guerra sino de Dios.

— 2 CRONICAS 20:15

Yo creo que el que es Mayor vive en nosotros (1 Juan 4:4). Creo que Jesús es mayor que el diablo. Yo sé que la Palabra de Dios enseña esto. Por lo tanto debo actuar como si fuera la verdad. Así es cuando esto se vuelve en realidad, y es así cuando el que es Mayor obra a mi favor.

Si me asusto y actuo como si yo estuviera tratando de luchar la guerra, el que es Mayor no la está luchando. Y así no puedo valerme del que es Mayor y de lo que El ha hecho por mí. Por tanto, yo no trato de resolver la situación. Me acuesto y me voy a dormir en paz, no importa lo que está sucediendo.

Durante los años en que pastoreé, casi cada iglesia a la que el Señor me mandó fue una iglesia con problemas. Hubo una en particular, que nadie quería pastorear. El Señor trató conmigo antes de que ellos se pusieran en contacto conmigo, así que la tomé. Pero yo no tuve ningun problema. Yo llevé la iglesia, y sus problemas al que es Mayor.

Yo les decía a la gente, "No me voy a molestar por eso." Lo que quería decir era que no iba a preocuparme, aunque los diáconos se pelearan a puñetazos en el patio de la iglesia. Yo les hubiera dejado pelear y después me habría acercado y orado con ellos, y restaurarlos para poder continuar con Dios.

Confesión: Yo me rehuso a luchar. La guerra no es mía, sino de Dios. El es el que es Mayor, y le he puesto a obrar a mi favor por el conocer Su Palabra y actuar como si fuera la verdad.

Reposo

Pero los que hemos creído entramos en el reposo . . .
— HEBREOS 4:3

A través de los años he disfrutado poniendo al Señor a trabajar por mí — dejándole hacer la obra.

Durante el medio siglo desde que aprendí acerca de la fe y de que la Biblia dice, *"los que hemos creído entramos en el reposo,"* he estado en un estado de reposo. ¡Capta lo que esta escritura dice! No dice que hemos entrado en un estado de temor, de afán, de ansiedad, de preocupación o de lucha. ¡No! Dice que hemos entrado en el *reposo*.

No he entrado en una guerra o lucha desde hace casi 50 años. Cuando alguien me pregunta, "¿Cómo va la lucha?" Yo siempre respondo, "¡la victoria es maravillosa!" No hay ninguna guerra. Estoy en la victoria. *¡La fe siempre tiene un buen informe!*

Confesión: Yo he creído. Soy un creyente. Por lo tanto, he entrado en el reposo. Estoy en un estado de reposo. Actuo como si estuviera en un estado de reposo. No temo ni me impaciento. No me preocupo. No me quejo. No peleo. La batalla es del Señor. La victoria es mía.

Cristo en Ti

. . . Cristo en vosotros, la esperanza de gloria.
— COLOSENSES 1:27

Por el poder del Espíritu Santo, Cristo vive en ti.

¿Es El menos Cristo en ti, que lo que lo fue cuando estuvo en la tierra?

¡No! El es el mismo Cristo. ¡El tiene todo Su poder! ¡Tiene toda Su habilbidad! ¡Tiene toda Su gloria! ¡Tiene todo Su poder milagroso! ¡Tiene todas Sus capacidades!

¡Y Cristo está en ti! Tú sólo tienes que aprender a dejarlo fluir.

Alguien le dijo a Smith Wigglesworth, "tu debes ser alguien importante, alguien grande."

"No", respondió Wigglesworth, "yo solo recuerdo que la escritura dice, "Mayor es el que está en vosotros, que el que está en el mundo." Yo simplemente sé que el que es Mayor está en mí, y el Mayor hace las obras." ¿Cómo puedes dejar que Cristo se manifieste en ti? ¿Cómo se pone al que es Mayor a trahajar a tu favor?

Lo haces por la fe.

Confesión: Cristo en mí es la esperanza de gloria. Cristo vive en mí — con todo Su poder, con toda Su habilidad, con toda Su gloria. Cristo ya ha derrotado todo el poder del enemigo, y El vive en mí. Yo le dejo fluir. Actuo como si El estuviera allí. Lo dejo manifestarse por medio de mi fe.

FEBRERO 2

Echando toda vuestra ansiedad sobre él, porque él tiene cuidado de vosotros.

— 1 PEDRO 5:7

Echando todo vuestro cuidado, todas vuestras ansiedades, todas vuestras preocupaciones, todas vuestras inquietudes, una vez por todas — sobre él; porque él tiene cuidado de vosotros afectuosamente y atentamente.

— 1 PEDRO 5:7
(VERSION AMPLIFICADA)

Hay algunas personas que parecen consolarse pensando que Dios *sabe y entiende*, mientras continuan preocupándose de sus problemas. Y nunca se libran de sus preocupaciones.

No es suficiente saber que Dios comprende y se preocupa. Si quieres librarte de tus preocupaciones, debes hacer lo que Dios dijo que hicieras en estos casos: Debes descargar todas tus preocupaciones, todas tus ansiedades, todas tus inquietudes, todos tus cuidados, sobre el Señor, porque él tiene cuidado de ti.

Esto no es algo que haces a diario. Es una proposición que se hace una vez por todas, la cuál te permite librarte de tus preocupaciones — las pone en las manos del Señor.

Yo lo he hecho. Dios se hace cargo de mis preocupaciones. El lo tiene todo calculado, y lo está llevando a cabo. ¡Y yo le estoy aclamando mientras El lo hace! Dios está haciendo la obra, y yo le estoy aclamando!

Confesión: Yo descargo toda mi preocupación — todas mis ansiedades, todas mis inquietudes, todos mis cuidados, de una vez por todas — sobre Dios.

Encomendar

Encomienda a Jehová tu camino y confía en él; y él hará.

— SALMO 37:5

Hay una nota en el márgen de mi Biblia acerca de este versículo que dice, "echa toda la carga de tu camino sobre el Señor." Echa. Encomienda. Rueda tus preocupaciones, tus cuidados, tus ansiedades, tus cargas, en los hombros del Señor. ¿No es eso lo que la Biblia nos dice que hagamos?

Pero el Señor no va a quitarte los problemas. Algunos me han pedido, "Por favor, ore por mí para que el Señor me alivie esta carga que llevo" Dios no hará tal cosa. Dios *te* ha dicho lo que debes hacer sobre tus cargas. Y si *tú* no haces algo al respecto, nada será hecho.

"Tú" es el sujeto implícito del texto de hoy: Tú encomienda al Señor tu camino. Tú echa todo tu camino sobre el Señor. Tú descarga todas tus preocupaciones en él.

La razón por la cual algunas personas no reciben respuesta a sus oraciones, es porque no están orando de acuerdo con la Palabra de Dios. No hacen lo que Dios dijo que se hiciera con sus cuidados, ansiedades, preocupaciones, etc. No vale la pena orar acerca de tus problemas a menos que hagas lo que Dios nos ha dicho que hiciéramos con ellos.

¡Tú puedes hacer lo que Dios dice que hagas!

Confesión: Yo encomiendo mi camino al Señor. Echo la carga en los hombros de Jesús. Confío en él. ¡Y El lo hará!

Preocupación

. . . No os afanéis por vuestra vida . . .

— MATEO 6:25

Un poco después de haber nacido de nuevo, le prometí al Señor, "Nunca dudaré algo que lea en tu Palabra. Yo pondré tu Palabra a la práctica.

Todo lo que leí en la Palabra fue una luz y una bendición para mí, hasta que llegué a Mateo 6:25. Aprendí de una nota de pie de página que el original griego dice, "No estéis ansiosos por el día de mañana. "Otra referencia destaca que Dios dijo, "¡no te preocupes!" ¡Pero yo estaba lleno de preocupación! No solamente estaba yo a punto de morir de una condición del corazón; sino que me estaba procupando por todo. "Señor", dije, "¡Si tengo que vivir sin preocupación, no puedo ser un cristiano!" De repente, todo en la Palabra me pareció oscuro y vago y no podía recibir más iluminación de la Palabra. Mi conciencia me golpeó, porque no estaba poniendo en práctica la Palabra.

Finalmente, a las 6:00 de la tarde del 4 de Julio de 1933, encomendé todas mis preocupaciones al Señor. Dije, "Señor, perdóname por preocuparme . . . por estar ansioso . . . por estar desanimado . . . por impacientarme . . . por estar deprimido . . . sentir pena de mí mismo. Sé que me vas a perdonar porque dijiste que lo harías si yo lo confesaba. De hoy en adelante, ya que ahora me has perdonado, te prometo que nunca jamás me preocuparé, ningún día de mi vida."

Confesión: No me preocupo acerca del día de mañana. No tengo preocupaciones, ni cuidados. Yo se los he encomendado a Dios. Nunca estoy deprimido. Nunca estoy desanimado.

Yo Puedo

Todo lo puedo en Cristo que me fortalece.

— FILIPENSES 4:13

Muchos años han transcurrido desde que le entregué mis preocupaciones al Señor. Y aunque confesaré que he sido tentado duramente, no me he preocupado. No me he impacientado. No me he deprimido. No me he desanimado, a pesar de todo. (Hay quienes han dicho que yo no tenía suficiente sentido para preocuparme. Pero, gracias a Dios, he tenido demasiado sentido bíblico para preocuparme.)

Para mí, el pecado más difícil de dejar fue el de la procupación. La preocupación es la más grande tentación que tu también enfrentarás. Pero puedes resistirla. Y debes resistirla.

Tu peor enemigo es la carne. La carne y el razonamiento humano natural te limitarían a tu propia habilidad. Miras a las circunstancias, influencias, problemas, cuidados, pruebas, tempestades, y vientos, y dices, "No puedo".

El lenguaje de la duda, la carne, los sentidos, y el diablo es, "No puedo. No tengo la habilidad, la oportunidad, ni la fuerza. Estoy limitado."

Pero el lenguaje de fe dice, "todo lo puedo en Cristo que me fortalece."

Confesión: ¡Yo puedo!Todo lo puedo en Cristo que me fortalece.

Fortalecido

. . . Jehová es la fortaleza de mi vida:¿de quién he de atemorizarme?

— SALMO 27:1

. . . Y el que creyere en él, no será avergonzado.

— ROMANOS 9:33

El lenguaje de fe dice, "Todo lo puedo en Cristo. "El Señor me fortalece. No puedo ser vencido. No puedo ser derrotado. Si una fuerza natural se me enfrenta, no me puede derrotar, ¡porque no hay ninguna fuerza natural en este mundo que pueda derrotar al Cristo que vive en mí!

"Mayor es el que está en mí, que el que está en el mundo." Soy fortalecido desde dentro. He aprendido a hacer que Cristo opere por mí y en mí. ¡Tengo, viviendo en mí, al Espíritu de Aquel que resucitó a Jesús de entre los muertos! !Tengo la sabiduría, fortaleza y habilidad de Dios *en mí!* Estoy aprendiendo a dejar que esa sabiduría gobierne mi intelecto. Estoy dejando que Dios hable a través de mis labios. Me estoy atreviendo a pensar los pensamientos de Dios siguiendo Su ejemplo. El es la fuerza de mi vida, ¿a quién he de temer? Dios me ha hecho mayor que mis enemigos. Dios me ha capacitado a poner mi pie en el cuello de la debilidad, el temor y la incapacidad. Me levanto y declaro que cualquiera que creyere en El, no deberá avergonzarse. Por eso, no puedo ser avergonzado.

Confesión: Haz tu propia confesión sobre las Escrituras y los pensamientos de fe de hoy.

Columpiándose Libremente

Por lo demás, hermanos míos, fortaleceos en el Señor y en el poder de su fuerza.

— EFESIOS 6:10

Un día en el año 1932, doscientos marineros agarrándose de las cuerdas de un dirigible, el *USS Akron*, intentaban amarrar la gigantesca aeronave a un mástil de acero en San Diego, California. De repente, sin embargo, el dirigible empezó a subir al aire rápidamente. Algunos de los marineros se agarraron a las cuerdas y junto con la nave fueron levantados al aire, pronto cayendo al suelo. Varios se murieron. Después de que todos se habían caído, un hombre quedó colgado. Se le podía ver al elevarse el dirigible a gran altura. Había gente que gritaba y se desmayaba. Sabían que este marinero no podría permanecer agarrado durante mucho tiempo, y que caería a la tierra en cualquier momento con una muerte segura.

Pero después de una hora y cuarenta y cinco minutos, cuando lograron amarrar el dirigible de nuevo al mástil de acero, el marinero aún estaba pendiendo de la aeronave. Una ambulancia estaba esperando para llevarle al hospital, pero él les dijo que estaba bien. La gente le preguntó cómo se había agarrado. El les dijo que tenía unos dos metros de cuerda, así que mientras se agarraba con una mano, con la otra, amarró la cuerda alrededor de su cintura, y la cuerda lo sujetó. ¡El se había estado columpiando libremente todo el tiempo!

Muchos cristianos también están tratando de agarrarse y mantenerse firmes, pero siempre se agotan. Algunos hasta se caen. Pero todo lo que en realidad necesitamos hacer, es envolvernos en las promesas del Señor y *columpiarnos libremente* como el marinero, disfrutando del paisaje.

Confesión: Soy fuerte en el Señor y en el poder de su fuerza. Me columpio libremente en la fuerza y el poder de Dios.

Por la Fe

. . . El justo por la fe vivirá.

— ROMANOS 1:17

La vida de fe es la más hermosa del mundo. Es la vida que Dios quiere que vivamos, y el camino que Dios quiere que caminemos (2 Cor. 5:7).

Deja que tus palabras y tus acciones concuerden. Si *hablas* fe, debes *andar* en fe — debes de poner tu fe en acción. Tus palabras y tus acciones deben de decir que eres un creyente. No te hará ningún bien el hablar de fe si no actúas de acuerdo con la fe. Y si de alguna manera fuera posible el actúar en fe sin hablar en fe, esto tampoco te serviría de nada, porque tus palabras y tus acciones deben estar de acuerdo.

Hay algunos que declaran un minuto, "confío en el Señor para suplir cada una de mis necesidades . . ." Luego, con el próximo aliento dicen, "Bueno, parece que voy a perder el automóvil. No puedo seguir haciendo los pagos." Un momento parece que hablan fe, pero al otro momento sus acciones prueban lo contario.

Algunos incluso citan la Palabra de Dios diciendo, "Sé que el Señor dijo en Filipenses 4:19, "Mi Dios, pues,suplirá todo lo que os falta conforme a sus riquezas en gloria en Cristo Jesús." Y yo confío en El para suplir nuestras necesidades — pero parece que tendremos que desconectar el teléfono. No podemos pagar la cuenta." Mentalmente estaban de acuerdo con la verdad de la Escritua, pero no *actuaron* como si fuera verdad.

Comienza a actuar como si la Palabra de Dios fuera verdad.

Confesión: Vivo por la fe — fe en la Palabra del Dios Viviente. Actúo como si la Palabra es verdad.

Guarda la Palabra

. . . Yo apresuro mi palabra para ponerla por obra.
— JEREMIAS 1:12

Puedes estar seguro de que si aceptas la Palabra de Dios y la pones en práctica, Dios apresura Su Palabra para que se cumpla en tu vida. Todo lo que debes hacer es *actuar de acuerdo a la Palabra.* Es muy importante que aprendas esta pequeña lección. El actuar según la Palabra no es luchar, ni llorar, ni tampoco orar. Es simplemente el poner en práctica lo que el Señor ha dicho, y éso trae resultados.

Hace muchos años, después de muchas horas de luchar y orar acerca de mis finanzas y de la sanidad de mi familia, caí exhausto en el altar de una iglesia. Cuando por fin me callé, el Señor me pudo hablar.

"¿Qué estás haciendo?" me preguntó El.

"Vine aquí para orar basta que las cosas se resolvieran", le respondí.

"¿Qué quieres decir con "hasta que las cosas se resolvieran?"

"Creo que iba a orar hasta que sintiera algo o tuviera una señal de que mis necesidades serían suplidas. Estoy a 365 km. de mi casa, Pensé que yo sabría cuando mis hijos se sanaran y nuestras finanzas fueran atendidas."

"¿No te es suficiente mi Palabra?Tu no estás actuando como si creyeras que Mi Palabra es verdad." dijo el Señor. "De hecho, tú estás actuando como si no fuera verdad. Estás haciendo como si pensaras que si oras lo suficientemente alto y por suficiente tiempo, me convencerás de que no soy un mentiroso y que soy fiel a guardar mi Palabra."

Confesión: Creo a Dios. Y actúo como si creyera en El.

Nacido de Amor

. . . Dios es amor

— 1 JUAN 4:8

. . . El amor de Dios ha sido derramado en nuestros corazones por el Espíritu Santo.

— ROMANOS 5:5

Cuando naciste de nuevo, Dios se convirtió en tu Padre. Dios es un Dios de amor. Tú eres un hijo de amor de un Dios de amor.

Eres nacido de Dios, y Dios es amor; por tanto, eres nacido de amor. La naturaleza de Dios está en ti — y la naturaleza de Dios es amor. De hecho, no puedes decir que no tienes este amor divino, porque *toda persona* en la familia de Dios lo tiene — ¡o no pertenecen a la familia! Puede que no lo estén ejercitando. Pueden ser como aquel hombre con un talento que lo envolvió en un pañuelo y lo enterró (Mateo 25:25), pero la Biblia dice que el amor de Dios ha sido derramado en nuestros corazones por el Espíritu Santo. Esto significa que la clase de amor de Dios, ha sido derramado en nuestro corazón, nuestro espíritu, nuestro hombre interior.

Romanos 5:5 no se está refiriendo al bautismo del Espíritu Santo. Está refiriéndose al Nuevo Nacimiento — cuando naces del Espíritu de Dios. Entonces es cuando el amor de Dios es derramado. Cuando nacistes espiritualmente, llegastes a ser partícipe de la vida y naturaleza de Dios.

Confesión: Dios es amor. Yo soy nacido de Dios; por tanto, soy nacido de amor. Soy un hijo de amor de un Dios de amor. El amor de Dios ha sido derramado en mi corazón por el Espíritu Santo. Mi naturaleza es amor. Para mí es natural el andar en amor.

Fruto Maduro

Mas el fruto del Espíritu es amor . . .
— GALATAS 5:22

Yo soy la vid, vosotros los pámpanos; el que permanece en mí, y yo en él, este lleva mucho fruto . . .
— JUAN 15:5

El amor es el fruto del espíritu humano recreado, el cual es producido a través de la vida de Cristo en el interior.

Imagina un árbol de fruto. ¿Dónde crece el fruto? El fruto crece en las ramas. Jesús usó la ilustración del árbol. ¿Quiénes son las ramas? Nosotros.

¿Cómo crece el fruto natural en una rama? Recibe el alimento del tronco — la vid — del árbol. La vida fluye desde el tronco hasta las ramas. Lo mismo sucede en el ámbito espiritual. Dios es la vida. Dios es amor. Su vida y Su amor fluyen hacia los creyentes — las ramas.

El fruto crece. No sale completamente maduro. La Biblia dice, "*Pero el que guarda su palabra, en este verdaderamente el amor de Dios se ha perfeccionado . . .*" (1 Juan 2:5). La palabra "perfeccionado"quiere decir madurado. Juan estaba hablando sobre el madurar en el fruto del amor. (Yo no concozco a nadie que ya haya madurado por completo, pero algunos de nosotros estamos haciendo progreso."

Confesión: El fruto de mi espíritu es amor. Cristo es la vid. Yo soy la rama. Yo permanezco en Cristo, y Cristo permanece en mí. Por lo tanto, yo llevo fruto. Al guardar la Palabra de Dios, maduro en el fruto del amor. Estoy haciendo progreso.

La Ley del Amor

Un mandamiento nuevo os doy: Que os améis unos a otros; como yo os he amado que también os améis unos a otros.

— JUAN 13:34

La familia de Dios es una familia de amor. Y la ley del amor de la familia de Dios es, ". . . *Que os améis unos a otros, como yo os he amado . . .*"

¿Cómo nos amó Dios? ¿Nos amó porque nos lo merecíamos? No. ¡Dios nos amó aún cuando éramos indeseables. Dios nos amó aún cuando éramos pecadores! (Y piensa en esto: Si Dios nos amó con tal grande amor cuando aún éramos pecadores e indeseables — cuando éramos Sus *enemigos* — piensas que El nos ama menos ahora que somos Sus *hijos*? ¡No, mil veces no!

El amor es el único mandamiento de la familia del amor. Si tu amas a alguien, no le robarás. Si amas a alguien, no le matarás. No codiciarás su casa. No mentirás acerca de él. Por lo tanto, el amor divino es el cumplimiento de la ley.

Ya que el amor es la ley de la familia de Dios, un paso fuera del amor es un paso dentro del pecado. Si has tomado tal paso, arrepiéntete y vuelve a andar en amor. Para tener comunión con tu Padre, para andar con Dios, para andar en el ámbito de Dios, debes andar en amor — ya que Dios es amor.

Confesión: Yo amo a otros como Cristo me amó a mí. Estoy bajo la ley del amor. Ando en amor. Por lo tanto, tengo comunión con mi Padre quien es amor.

Conocidos por El Amor

En esto conocerán todos que sois mis discípulos, si tuviereis amor los unos por los otros.

— JUAN 13:35

¿Cómo nos va a conocer el mundo?

Por nuestro amor. Por este amor divino. Por esta clase de amor de Dios. Por este amor sin egoísmo. *"Dios amó . . . que dió . . ."*

Ahora bien, este no es el amor humano natural. El amor humano natural es egoísta. Por regla general, incluso el amor de madre es un amor humano natural. Es egoísta: "¡Ese es *mi* bebé!"

Pero si aprendiéramos a dejar que el amor divino de Dios, el cuál ha sido derramado en nuestros corazones nos dominara, este traería un cambio rotundo a nuestras vidas. Curaría los problemas en los hogares. El amor humano natural puede volverse a odio cuando no se sale con la suya. Se peleará y quejará, luchará y golpeará, "maldecirá" y será mezquino. El amor divino, cuando es injuriado, no injuria de vuelta. El amor que es de Dios no se interesa en lo que *puede ganar*, pero en lo que *puede dar*. ¿Ves como ese amor puede solucionar todos los problemas de tu hogar?

Como hijos de Dios, la naturaleza de Dios está en nosotros — y la naturaleza de Dios es amor. Así que es *natural* que el amor esté en nuestro espíritu, en nuestro corazón. Sin embargo, si permitimos que el hombre exterior y nuestra mente nos dominen, aquella naturaleza de amor en nuestro corazón se mantiene aprisionada. ¡Liberemos al amor de Dios que está en nuestro interior!

Confesión: El mundo me concocerá por mi amor. ¡Yo liberaré a la naturaleza de amor dentro de mí!

El Ambiente de Amor

Amados, amémonos unos a otros; porque el amor es de Dios. Todo aquel que ama, es nacido de Dios, y conoce a Dios. El que no ama, no ha conocido a Dios; porque Dios es amor . . . Si nos amamos unos a otros, Dios permanece en nosotros, y su amor se ha perfeccionado en nosotros.

— 1 JUAN 4:7,8,12

Los esposos y las esposas deben dejar que el amor de Dios les domine — y no solamente el amor humano natural — porque el amor natural es tan superficial.

Los cristianos tienen una ventaja sobre los demás. No sólo pueden ellos amar a sus esposos con el afecto natural, sino que pueden añadirle el amor divino que nunca busca lo suyo, sino que siempre busca el beneficio del otro.

En casi cincuenta años de matrimonio, mi esposa y yo hemos andado en ese amor. Yo nunca me considero a mí mismo, ni lo que yo quiero; considero lo que Oretha quiere. Nunca quiero ser egoísta; siempre quiero ponerla a élla primero. Y Oretha hace lo mismo. Siempre procuramos esforzarnos a tratar al otro con amor. ¡Y qué bendición es! ¡Gloria a Dios! Nuestro hogar es como el cielo en la tierra.

Una persona oprimida que nos había visitado en cierta ocasión dijo, "Cuando visito este hogar, es como el cielo. Uno puede notar una *presencia* aquí al momento de entrar."

Nosotros creamos el ambiente de nuestros hogares.

Confesión: Andaré en amor divino hacia aquellos que amo. Dejaré que el amor desinteresado de Dios fluya a través de mí hacia éllos, creando una atmósfera de amor.

Los Hermanos

Nosotros sabemos que hemos pasado de muerte a vida, en que amamos a los hermanos. El que no ama a su hermano, permanece muerto. Todo aquel que aborrece a su hermano es homicida; y sabéis que ningún homicida tiene vida eterna permanente en él.

— 1 JUAN 3:14,15

La esposa de un ministro del evangeho se me acercó muy disturbada. "Hermano Hagin," me dijo, "Yo no puedo ir al cielo. ¡Odio a mi suegra!"

Después de dejarle sufrir un huen rato, pude ayudarle. Le pedí que me mirara directamente a los ojos y dijera, "Odio a mi suegra." Y le pedí que se fijara en su interior — en su espíritu — mientras lo decía.

Ella dijo, "Odio a mi suegra." Luego exclamó, "¡Pues, parece que algo me rasca por dentro!"

"Sí," le dije. "Ese es el amor de Dios en tu espíritu humano que ama a todo el mundo. La verdadera tú, no odia a tu suegra. Pero le estás permitiendo a tu hombre exterior que domine la situación."

"Tienes razón," dijo élla. "En realidad no odio a mi suegra." Ella hizo un cambio dejando que el hombre interior, donde reside el amor, dominara al hombre exterior.

Confesión: Sé que he pasado de muerte a vida porque amo a los hermanos. Y dejo que aquel amor domine mi ser. ¡Ando en amor hacia todo el mundo!

Una Exposición Sobre el Amor

El amor es sufrido, y es paciente y amable; el amor nunca es envidioso, ni rebosa con celos . . .

— 1 CORINTIOS 13:4
BIBLIA AMPLIFICADA

¿Qué es este amor divino?

¿Cuáles son sus características?

Las encontramos en Primera de Corintios 13. La palabra griega aquí traducida es *agape*. Mi traducción favorita de esta "Exposición sobre el Amor" es la de la Biblia Amplificada. Yo creo que cada cristiano debería leer esta rendición de Primera de Corintios 13 cada pocos días, si no cada día — y ponerlo a la práctica!

Veámoslo, empezando en el versículo cuatro:

"El amor es sufrido, y es paciente y amable . . ." Mucha gente es sufrida — ¡pero no son muy amables mientras lo hacen! Sólo soportan las cosas y a la gente porque tienen que hacerlo. Una esposa puede soportar a su esposo, pero no ser muy amable mientras lo hace (y viceversa).

". . . el amor nunca es envidioso ni rebosa con celos. El amor humano natural es la clase de amor que se afecta con celos. La clase de amor de Dios no es celoso.

***Confesión:** Yo soy una persona de amor. Por lo tanto, soy sufrida y soy paciente y amable. Nunca soy envidiosa, ni celosa.*

El Amor se Levanta

El amor . . . no es jactancioso, no se demuestra a sí mismo con altivez. No es vanidoso —arrogante e inflado con orgullo; no es brusco (mal educado), y no actúa impropiamente.

— 1 CORINTIOS 13:4,5
BIBLIA AMPLIFICADA

La carne es siempre la que se jacta, se envanece, es arrogante, llena de altivez y orgullo, es brusca y actúa impropiamente.

Por una acción de tu propia voluntad, puedes decidir el no dar lugar a estas tentaciones de la carne. Puedes decidir en su lugar andar en amor — andar en el Espíritu.

La batalla está allí entre el espíritu humano y la carne. Pero la Biblia dice, *"Andad en el espíritu y no satisfagáis los deseos de la carne."* (Gál. 5:16).

Decide dejar que tu espíritu te domine. Cuando viene la tentación, párate un momento y empieza a hablar la Palabra de Dios. Empieza a decir, "Soy nacido de amor. Permitiré que el amor de Dios en mi interior domine esta situación."

¡Y el amor de Dios se levantará y crecerá en tu interior!

Confesión: Soy una persona de amor. Por lo tanto, no soy jactancioso o vanaglorioso. no me demuestro con altivez. No soy vanidoso — arrogante o inflado con orgullo. No soy brusco. No soy mal educado. No me comporto impropiamente. Me comporto con amor.

El Mejor Modo

. . . El amor (el amor de Dios en nosotros) no insiste es sus propios derechos o en su propio modo, ya que no busca lo suyo . . .

— 1 CORINTIOS 13:5
BIBLIA AMPLIFICADA

Toma tiempo dejando que el texto de hoy inunde tu corazón.

Demasiadas personas preferirían declarar, "Bueno, pero yo sé lo que me pertenece. Tengo derecho a mi propia opinión, y lo voy a conseguir. Tengo *mis* derechos, y los voy a conseguir." E insisten en su propio modo, sin importarles cuánto puedan sus acciones herir a otra persona.

Yo tenía solamente 20 años de edad y estaba soltero cuando pastoreé mi segunda iglesia, así que alquilaba una habitación de un matrimonio de la iglesia. El hombre de la casa conocía la Biblia, y había tenido una experiencia maravillosa con el Señor. Pero era el tipo de persona que dice, "Tengo mi propia opinión, y la voy a conseguir. Soy un miembro de aquella iglesia tanto como cualquiera, y tengo mi opinión." Claro que tenía su propia opinión, así como otros de los demás, hasta que destruyeron la iglesia.

Este texto dice que el amor no insiste en tener sus propios derechos. Empieza a creer en Dios y a creer en el amor. Es el mejor modo — ¡y es tu modo!

***Confesión:** Yo creo en Dios. Y creo en el amor. Soy una persona de amor. No insisto en mis propios derechos. No insisto en mi propio modo. No busco lo mío. Soy una persona de amor.*

El Indicador del Amor

. . . El amor . . . no es irritable, susceptible o enojadizo o resentido; no toma en cuenta el mal que le es causado — no le presta atención a una injusticia sufrida.

— 1 CORINTIOS 13:5
BIBLIA AMPLIFICADA

Aquí encontramos al termómetro del amor — ¡el indicador del amor! Es muy fácil averiguar si estás andando en amor o nó. Cuando empiezas a tomar en cuenta el mal que se te ha hecho, no estás andando en amor. Mientras andas en Dios y te mantienes lleno del Espíritu Santo, no tomarás en cuenta o considerarás el mal que alguien te ha hecho.

A través de los años cuando algo injusto me ha sucedido, algunos me han dicho, "Yo no lo aguantaría. Yo no soportaría eso — ¡*yo* no!" Pero yo me he quedado callado y nunca he dicho ni palabra, he sonreído, y me he mantenido contento. ¡Yo ni pasaría tiempo tratando de negar que había matado a mi abuela, si me acusaran de ello! Continuaría exclamando, "¡Aleluya! ¡Gloria a Dios! ¡Alabado sea Dios!"

Te sugiero que tamhién, tú, andes en amor hacia aquellos que te tratan de una manera maligna. Si andas en amor no importa cuántas injusticias sufras, acabarás al frente al final de todo.

Algunos considerarán tu comportamiento como una debilidad, sin embargo. Incluso ministros del evangelio me han dicho, "Debe de haber una debilidad en tu carácter; tu nunca te defiendes." ¡No, es una fortaleza! *El amor nunca falla.*

Yo simplemente rehuso guardar resentimiento en mi corazón en contra de nadie.

Confesión: Soy una persona de amor. Por lo tanto, no soy irritable, susceptible, enojadizo, o resentido. No tengo resentimiento en mi corazón en contra de nadie.

Una Segunda Mirada

. . . El amor . . . no es irritable, susceptible o enojadizo o resentido; no toma cuenta el mal que le es causado — no presta atención a una injusticia sufrida.

— 1 CORINTIOS 13:5
BIBLIA AMPLIFICADA

El tema del andar en la clase de amor de Dios es tan importante — y tan pasado por alto por los cristianos — que vamos a ocupar tiempo extra examinándolo.

". . . El amor . . . no toma en cuenta el mal que le es causado . . ." Este tiene que ser la clase de amor de Dios, porque nosotros éramos enemigos de Dios, y Dios no tomó en cuenta todo el mal que le causamos. El envió a Jesús para redimirnos. El nos amó aún cuando éramos pecadores.

". . . El amor . . . no presta atención a una injusticia sufrida . . ." Es mejor que lo admitamos — ¡no hay muchas personas que andan en el amor de Dios, aunque lo tienen! No, andan en el amor humano natural, ¡y sí que le prestan atención a las injusticias sufridas! Se enfadan. Un esposo y una esposa, ambos cristianos, se enojan y no se hablan durante una semana, por causa de alguna injusticia que uno de ellos ha sufrido.

¿No puedes ver cómo se arreglarían las situaciones en el hogar, la iglesia, y la nación si la gente se convirtiera en hijos de Dios, recibieran el amor de Dios en ellos, y luego vivieran en la familia de Dios como hijos de Dios?

Confesión: Soy una persona de amor. No me irrito. No soy susceptible. No soy enojadizo. No soy rencoroso. No tomo en cuenta el mal que me es causado. No presto atención a una injusticia sufrida.

Los Características del Amor

. . . (El amor) no se regocija de la injusticia o de la maldad, mas se regocija cuando la verdad y la justicia prevalecen. El amor cobra ánimo bajo cualquier circunstancia que se acerca; siempre está listo a creer lo mejor de toda persona . . .

— 1 CORINTIOS 13:6,7
BIBLIA AMPLIFICADA

"El amor cobra ánimo bajo cualquier circunstancia que se acerca . . ." Si tienes la clase de amor de Dios en tu interior — y si andas en la clase de amor de Dios — ¡siempre triunfarás!

". . . El amor . . . siempre está listo a creer lo mejor de toda persona . . ." ¡El amor humano natural siempre está listo a creer lo *peor* de toda persona! He viajado a través de este país durante muchos años en el ministerio, y es sorprendente lo que uno oye acerca de este predicador o de aquel predicador, esta persona o aquella persona, este cantante o aquel cantante. Yo no le presto la menor atención a ninguna de esas historias. No creo ni palabra de ellas. Yo creo lo *mejor* de toda persona.

Los niños deberían tener el derecho de crecer en esta atmósfera de amor en el hogar. Luego saldrán a la lucha de la vida y triunfarán. Pero cuando siempre ves lo peor en tus hijos y siempre les dices, "Nunca llegaréis a ser nada," ellos llegarán a ser lo que dices. Pero cuando ves lo mejor en ellos y los amas, producirás lo mejor en ellos. Crecerán y tendrán éxito.

Confesión: Soy una persona de amor. No me regocijo de la injusticia y la maldad. Me regocijo cuando la justicia y la verdad prevalecen. Cobro ánimo bajo cualquier circunstancia que se acerca. Siempre estoy listo a creer lo mejor de toda persona.

El Amor Que Nunca Falla

. . . La esperanza del amor nunca disminuye bajo ninguna circunstancia y todo lo soporta (sin debilitarse). El amor nunca cesa — nunca se desvanece o se vuelve obsoleto o deja de ser . . .

— 1 CORINTIOS 13:7, 8
BIBLIA AMPLIFICADA

Si andas en amor, no cesarás — porque el amor nunca cesa.

Estamos interesados en los dones espirituales (1 Cor. 12 y 14), y deberíamos estarlo. Pero deberíamos interesarnos en el amor primero. La Biblia nos dice que las profecías cesarán, las lenguas cesarán, y el conocimiento desaparecerá. Pero, gracias a Dios, el amor nunca se acabará.

Sí, yo creo en la profecía y el profetizar. Creo en el hablar en lenguas. Gracias a Dios por estos dones. Pero si ejercitas estos dones fuera del amor, llegan a ser como metal que resuena o címbalo que retiñe.

Tengamos profecía. Tengamos lenguas. Tengamos fe. Tengamos conocimiento. Pero tengamos amor con todo ello. Pongamos al amor primero, porque estamos en la familia del amor, y hemos conocido a nuestro Padre celestial, el Cual es amor.

Deberíamos querer aprender y crecer en amor hasta que seamos perfeccionados en amor. Yo aún no he sido perfeccionado en amor, ¿y tú? ¡Pero voy a continuar adelante hasta alcanzar esta meta!

Confesión: Soy una persona de amor. Mis esperanzas no disminuyen bajo ninguna circunstancia. Todo lo soporto sin debilitarme. Yo nunca ceso.

No Temas

Pero en seguida, Jesús les habló diciendo: ¡Tened ánimo; yo soy, no temáis!

— MATEO 14:27

Dios nunca viene con un mensaje de temor. Puedes empezar en el Antiguo Testamento y acabar con el Nuevo, y verás que cada vez que Dios se manifestó a Sí Mismo a Su pueblo, o envió ángeles, o Jesús Mismo, siempre trajeron el mensaje, "¡No tengáis miedo! ¡No temáis!" El temor no viene de Dios.

Viene del diablo. Y los cristianos, incluyendo a los predicadores y maestros, no deberían ir sembrando ningún temor en las gentes.

Oimos tanto temor predicado: Miedo de las enfermedades y dolencias; miedo de lo que va a suceder en el mundo; y miedo del diablo. El modo en que algunos predican acerca del diablo hace que la gente tenga miedo. Yo también predico sobre el diablo y los demonios, pero predico acerca de la autoridad que tenemos sobre ellos. Predico que siempre deberíamos recordar, en todos nuestros encuentros con el diablo, que él es un enemigo derrotado. El temor no es el mensaje de la Iglesia. La fe es el mensaje de la Iglesia.

El gozo es el mensaje de la Iglesia. No tengas miedo es el mensaje de la Iglesia.

Confesión: Yo tengo gozo. No tengo miedo. No tengo temor. Este es el mensaje de Dios mi Padre a mi corazón. También es Su mensaje a los demás. Por lo tanto, mi mensaje a otros es: Fe y gozo. No tengáis miedo. ¡No temáis!

Resiste al Temor

Porque no nos ha dado Dios espíritu de cobardía (de temor), sino de poder, de amor, y de dominio propio.

— 2 TIMOTEO 1:7

El texto de hoy dice que el temor es un espíritu, y definitivamente declara que el espíritu de temor no viene de Dios. El pensamiento de fe de hoy es una confesión que puedes usar para resistir al temor con éxito cuando trate de venir sobre ti.

Temor,
te resisto,
en el Nombre del Señor Jesucristo.

En Su Nombre poderoso,
te resisto.
Me rehuso a temer;
me rehuso a tener miedo.

Está escrito en Su Santa Palabra
que El no me ha dado
el espíritu de temor;
Sino de poder,
y de amor,
y de dominio propio.

Yo ya no tengo el espíritu de temor.
Tengo el espíritu de amor.
Tengo el espíritu de poder,
tengo el espíritu de dominio propio.

No Hables Temor

Te has enlazado con las palabras de tu boca, y has quedado preso en los dichos de tus labios.

— PROVERBIOS 6:2

Con tu boca, vas a darle a Dios o al diablo el dominio sobre ti.

Cuando naciste de nuevo, confesaste el señorío de Jesucristo (Rom. 10:9, 10). Confesaste a Jesús como a tu Señor. Jesús empezó a tener dominio sobre ti y a govemar tu vida. Pero, cuando tu confiesas que Satanás tiene habilidad para obstaculizarte, para privarte del éxito, para hacerte temer — aunque eres un Cristiano — le estás dando a Satanás el dominio sobre ti. Y, naturalmente, cuando Satanás tiene dominio sobre ti, estás lleno de debilidad y temor.

Nunca confieses tus temores.

"¿Pero qué he de hacer si tengo miedo?" podrías preguntar.

"Tu" no tienes miedo, en verdad. La Biblia dice que Dios no te ha dado — al "ti" real — el espíritu de temor, sino el espíritu de poder, de amor, y de dominio propio. El temor no es algo que viene de tu interior. Es algo que te está viniendo del exterior, tratando de agarrarse de ti. El temor es del enemigo. *Tu* tienes un espíritu de poder —así que ¡dí que lo tienes! *Tu* tienes un espíritu de amor —así que ¡dí que lo tienes!. *Tú* tienes un espíritu de dominio propio — así que ¡dí que lo tienes! Cuando lo confieses, entonces empezará a dominarte.

Confesión: Nunca tengo miedo. No conozco al miedo. Tengo un espíritu de poder. Tengo un espíritu de amor. Tengo dominio propio.

La Piedad es Provechosa

Porque el ejercicio corporal para poco es provechoso, pero la piedad para todo aprovecha, pues tiene promesa de esta vida presente, y de la venidera.

— 1 TIMOTEO 4:8

Algunos nos harían creer que la piedad — el vivir para Dios, el ser nacidos de nuevo, el andar en comunión con el Señor — no tiene ningún beneficio en esta vida. Piensan que debemos soportar la vida con todos sus altos y bajos, dificultades y pruebas, siempre teniendo presente que "esta vida pronto se acabará"

Me alegro que Pablo nos diera un punto de vista equilibrado al decir que la piedad no sólo es provechosa en el "más allá" de la vida venidera, sino que tiene promesa de "*. . . esta vida presente . . .*"

Como pecadores, estábamos arruinados, pero Dios tuvo misericordia de nosotros, y envió a Jesús para redimirnos. Jesús vino no solamente a salvarnos de nuestros pecados —sino a vivir dentro de nosotros (Col. 1:27). Y Jesús desea que traigamos tanta gloria a Su Nombre, y Le paguemos tantos ricos dividendos como nos sea posible en esta vida. En vez de decir que la piedad es un obtáculo al éxito, el apóstol Pablo dice aquí exactamente lo contrario.

El servir al Señor no *cuesta* — ¡*paga*!

Confesión: Vivo una vida piadosa. He nacido de nuevo. Vivo para Dios. Ando en comunión con el Señor. Esto me es provechoso — ¡aquí en la tierra en la vida que ahora es, y también en la vida venidera!

¿Se Manifiesta tu Aprovechamiento?

Ocúpate en estas cosas; permanece en ellas, para que tu aprovechamiento sea manifiesto a todos.

— 1 TIMOTEO 4:15

¡Si tu aprovechamiento ha de ser manifiesto a todos, entonces ha de mostrarse! ¿Por qué es la piedad provechosa? ¿Por qué es el vivir para Dios, el ser un hijo de Dios, el andar en comunión con Dios, el guardar los mandamientos de Dios, provechoso?

Porque Dios ba hecho unas promesas a Sus hijos fieles. Nota la palabra "promesa" en el texto de ayer: "*. . . tiene promesa de esta vida presente . . .*" Dios nos ha hecho promesas en esa vida. Nuestro aprovechamiento es a causa de estas promesas.

Y cuando nuestro aprovechamiento (el cual se debe a las promesas de Dios) es manifiesto a todos, somos capaces de mostrarle al mundo que hay un Dios en la Iglesia — tal como cuando Israel anduvo con Dios, pudo mostrar a la tierra que "hay un Dios en Israel."

Confesión: Meditaré en las promesas de Dios y me daré enteramente a ellas para que mi aprovechamiento sea manifiesto a todos.

Promesa de Protección

Lee el

—SALMO 91

Pablo dijo, al escribir a la Iglesia, "*. . . Vosotros sois labranza* (huerto, finca) *de Dios, edificio de Dios.*" (1 Cor. 3:9). Esto significa que pertenecemos a Dios. Ahora bien, si tu tienes un edificio de cualquier valor, incluso tu propia casa, la vas a protejer de toda forma posible. Y Dios, en Su Santa Palabra, nos ha prometido protección. Yo creo que la mayor promesa de esta clase la encontramos en el Salmo 91.

Hace muchos años, leí este Salmo desde una traducción sueca. Encontré que en el versículo diez, el cual fué traducido en la Versión Reina Valera, "*no te sobrevendrá mal . . .*" fué traducido en la versión sueca,"no te sorprenderá ningún accidente . . ." Lo estudié, y encontré que en realidad, este significado está incluido en el texto original, así que reclamé esta protección.

¡Algunos años más tarde, calculé que en aquel momento había conducido casi dos millones de millas predicando el Evangelio sin haber tenido un solo accidente! Comprende que no estoy alabando mi habilidad para conducir; estoy alabando a la Palabra — el Salmo 91.

El versículo diez continua, "*. . . ni plaga tocará tu morada.*" Reclamé esa parte del versículo asímismo como el versículo once: "*Pues a sus ángeles mandará acerca de ti, que te guarden en todos tus caminos.*"

Dios nos ha hecho promesa y provisiones. Vivimos muy por debajo de nuestros privilegios si nuestra fe no está en las promesas de Dios.

Confesión: Haz tu confesión personal del Salmo 91.

Promesa de Prosperidad

Bienaventurado el varón que no anduvo en consejo de malos, ni estuvo en camino de pecadores, ni en silla de escarnecedores se ha sentado; sino que en la ley de Jehová está su delicia, y en su ley medita de día y de noche. Será como árbol plantado junto a corrientes de aguas, que da su fruto en su tiempo, y su hoja no cae; y todo lo que hace, prosperará.

— SALMO 1:1—3

Cuando la Palabra de Dios forma parte de tu vida, y cuando vives bajo los principios de la Palabra de Dios, lo que la Biblia promete acontecerá en tu vida. ¡Todo lo que hagas, prosperará!

Una traducción de la última porción de Josué 1:8 lee, ". . . serás capaz de tratar sabiamente en los asuntos de la vida."

La Biblia dice con respecto al rey Uzías, "*. . . en estos días en que buscó a Jehová, él le prosperó*" (2 Crónicas 26:5). La Biblia dice de José, "*. . . y lo que él hacía, Jehová lo prosperaba*" (Gén. 39:23).

Confesión: Ando en piedad. No ando en el consejo de malos, ni estoy en el camino de los pecadores, ni me siento en la silla de los escarnecedores. Pero mi delicia está en la ley del Señor. En la Palabra de Dios medito de día y de noche. Por tanto, soy como árbol plantado junto a corrientes de aguas, Doy fruto. Mi hoja no cae. Todo lo que hago prospera.